AF329092

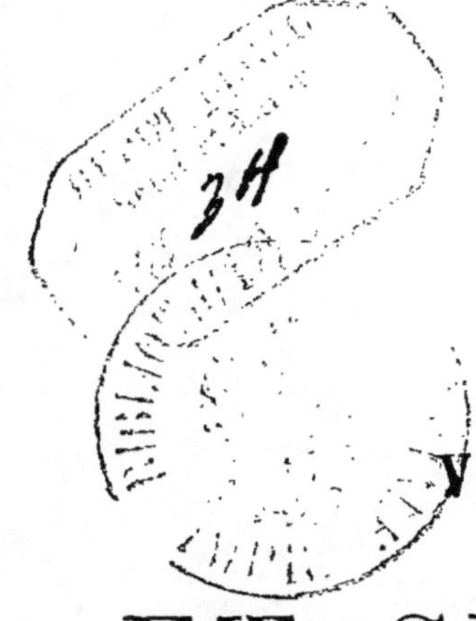

VOYAGES

ET CHASSES

DANS L'HIMALAYA

Coulommiers. — Typ. A. MOUSSIN et Ch. UNSINGER.

VOYAGES

ET

CHASSES

DANS L'HIMALAYA

PAR

JULES GÉRARD

LE TUEUR DE LIONS

DEUXIÈME ÉDITION.

PARIS

MICHEL LÉVY FRÈRES, LIBRAIRES ÉDITEURS

RUE VIVIENNE, 2 BIS, ET BOULEVARD DES ITALIENS, 15

A LA LIBRAIRIE NOUVELLE

—

1865

Tous droits réservés

VOYAGES ET CHASSES

DANS L'HIMALAYA

CHAPITRE PREMIER

INTRODUCTION

Plan de campagne. — Situation et abords. — Esquisse du terrain. — Saisons convenables pour chasser dans les diverses localités. — Liste des objets à emporter d'Angleterre. — Liste des objets à se procurer dans l'Inde. — Dépenses du campement dans les collines et frais de voyage. — Liste et dénominations locales du gibier, etc., que l'on rencontre dans le Doon. — Énumération et noms locaux des animaux, etc., que l'on trouve sur les collines. — Dénombrement et appellations locales des espèces, etc., qui se présentent au delà des neiges.

Quand je vois, depuis mon retour en Angleterre, combien de chasseurs prodiguent leur temps, leur peine et leur argent pour chasser le cerf ou tirer des oiseaux en Écosse, j'en conclus que ce doit être principalement par ignorance des facilités qu'ils auraient de parvenir à l'Himalaya, et d'y trouver une variété de gibier presque infinie, que nos sportmen anglais ne tentent point des entreprises plus dignes de leurs efforts.

On a dit que les instincts chasseurs se rencontrent plus ou moins au fond de toute nature, mais que les Anglo-Saxons sont les seuls vrais sportmen du monde; et que cet instinct et cette habitude contribuent beaucoup à produire cette activité, cette énergie de l'esprit et du corps, cette promptitude dans le danger et cette passion du franc jeu qu'ils emportent partout avec eux.

N'ayant jamais passé la saison des chaleurs en plaine sans être pris d'accès de fièvre, et consacrant invariablement tout congé que je pouvais obtenir pendant ma convalescence à voyager dans les montagnes, mes excursions ont nécessairement été très-fréquentes.

Je n'ai pas l'intention d'essayer, en manière de journal, le récit de mes diverses expéditions à travers le Kumaon, le Gurheval et le Sirmour, le Koolo, le Kanawur et la Tartarie; mais je donnerai la marche que j'ai suivie dans cette dernière région, la moins connue de toutes, en y ajoutant quelques détails.

Si je me laisse aller volontiers à des digressions sur des sujets accessoires au voyage dans les collines, bien que ne se rattachant point directement à la chasse, c'est qu'elles pourront, je l'espère, fournir quelques renseignements utiles sur un pays intéressant et peu visité jusqu'à ce jour.

Que l'on me permette de commencer ce travail en citant le passage suivant de la vie de Goethe par Lewis : « Un Français, un Anglais et un Allemand avaient reçu mission de donner au monde le résultat de leurs opinions sur cet intéressant animal qui s'appelle le *chameau*. Le Français court au jardin des Plantes, y consacre une heure à un examen rapide, revient, écrit un feuilleton dans lequel il n'est pas une phrase que puisse blâmer l'Académie, mais pas une phrase non plus qui ajoute aux connaissances générales sur ce sujet. Il est parfaitement satisfait néanmoins, et dit : « Le voilà, le chameau ! »

« L'Anglais emballe sa boîte de thé et tout l'arsenal du confortable de la vie; il dresse sa tente en Orient, et y reste à étudier le chameau dans ses habitudes; puis il revient avec un épais volume de faits arrangés sans ordre, exposés sans philosophie, mais servant de matériaux précieux pour tous ceux qui viendront après lui.

« L'Allemand, qui méprise la frivolité du Français, et la façon d'agir peu philosophique de l'Anglais, se retire dans son cabinet pour extraire l'idée du chameau des profondeurs de sa conscience morale. »

Si ces souvenirs se trouvent contenir le bon levain de notre singularité nationale, si ingénieusement décrite dans cette citation, je me sentirai content, bien que convaincu de leurs défauts.

Le gibier de l'Inde, ainsi que beaucoup d'autres choses que nous estimons indigènes, et par conséquent communes en ce pays, ne devient point familier aux résidents par le simple fait d'une longue résidence; bien des personnes, les dames spécialement, peuvent vivre vingt ou trente ans dans l'Inde sans voir jamais un serpent vivant, excepté dans les mains d'un jongleur du pays ou d'un charmeur de serpents, bien que quelques-unes de leurs sœurs en Angleterre les croient aussi communs que les araignées et les escarbots ici, et capables de visiter les chambres à coucher pour aller dormir sous les taies d'oreiller avec une familiarité inquiétante. Il y a quelques vieilles femmes des deux sexes qui passent toute leur vie dans ce pays sans avoir jamais vu un seul échantillon de notre gros gibier, et sans connaître plus ses habitudes et ses repaires que leurs amis de chez nous dont l'imagination, aidée des lettres de correspondants d'une haute puissance épistolaire, peut se représenter une ménagerie complète s'échappant d'un chemin de fer, effarouchée par le sifflet d'une locomotive, pendant que les serpents et les singes se pendent en festons aux fils du télégraphe électrique. Avez-vous jamais tué un tigre? est une question faite quelquefois à des Anglo-Indiens qui en sont aussi capables que de tuer un serpent de mer.

Une chasse dans l'Himalaya n'est pas toutefois chose qui se puisse acheter facilement à prix d'argent comme dans la Grande-Bretagne, et les oiseaux ne s'y trouvent point pour vous avec autant d'aisance et de certitude que des faisans dans une battue, ou des volailles au marché de Covent-Garden. Mais l'exercice du jugement, le développement des facultés et la finesse du discernement nécessaires pour le succès, constituent le charme principal des chasses de l'Himalaya pour le vrai chasseur, et, je crois, l'attrait le plus sûr pour la majorité de ceux qui visitent nos bruyères des montagnes et nos forêts habitées par des cerfs.

Quoiqu'une certaine somme de travail soit indispensable pour acquérir, dans tous ses détails, la connaissance locale nécessaire au succès, en tout endroit choisi pour déplacement de chasse, on peut cependant acquérir une dose importante d'expérience générale au moyen de notes pratiques sur des aventures d'autrui. J'ai souvent désiré, lorsque j'ai commencé ma carrière, quelque livre qui m'eût fourni des renseignements détaillés sur des points que j'ai eu à déterminer par moi-même, avec une perte de temps et un ennui considérables.

J'ai, en conséquence, le désir de rendre mon expérience pratiquement utile à tous ceux qui peuvent être disposés à faire un voyage de six semaines en vue de chasser dans les Indes, ou à ceux que leur destinée envoie en service ou en congé de maladie dans l'Himalaya.

Il existe une grande similitude dans les espèces de gibier que l'on rencontre aux mêmes hauteurs en suivant la chaîne des montagnes dans toute sa longueur, c'est-à-dire de Cachemire à Cachar. La seule différence dans les oiseaux concerne le *longee* ou Argus, dont on ne trouve qu'une espèce dans le Kumaon, une autre dans le Gurheval, et une troisième dans le Kangra. En règle générale aussi, le *burrul* ou mouton sauvage des neiges, qui habite les hauteurs neigeuses du Kumaon et du Gurheval, cède la place au *skene* ou bouquetin à l'ouest du Sutledge, lequel à son tour est remplacé par le *markhor* ou chèvre sauvage aux cornes en spirale, et par le *hangul* ou cerf à douze andouillers de Cachemire. Je me propose donc, pour familiariser le lecteur avec les différentes espèces de gibier de l'Himalaya, de prendre une section transversale des montagnes, à commencer par les pentes qui sont à leurs pieds dans la vallée du Dehra Doon, en passant en revue le gibier des différentes chaînes jusqu'aux plateaux du Thibet, au delà des neiges éternelles. Une telle section embrasse cent milles de territoire en ligne droite, mais elle présente d'innombrables montées et descentes profondes, de longs circuits et une immense occasion d'exercice au chasseur pédestre qui peut en jouir tout à son aise, grâce à la vigueur vivifiante de l'air pur qu'il respire sur ces hauteurs sublimes.

J'ai donné, à la fin de ce chapitre, une liste des objets dont un sportsman décidé à faire un tour dans l'Himalaya devrait se pourvoir; et maintenant, nous supposerons qu'il a pris son passage jusqu'à Calcutta par l'Égypte ou par le Cap sur le *Great-Eastern*, et qu'il a franchi l'espace depuis la Cité des Palais, à travers les plaines du Bengale et les provinces du nord-ouest, sur le chemin de fer est-indien jusqu'à Meerut; cette ligne n'est pas encore achevée, mais elle le sera bientôt. Le voyageur passera sur sa route devant d'innombrables stations d'un aspect triste et désolé, où les employés de la Compagnie, jadis de Sa Majesté, maintenant civils et militaires, sont de service en des endroits moins gais que les pénitenciers anglais, et sous un climat qui, pendant la saison chaude et les pluies, c'est-à-dire huit mois de l'année, est, « à ce que j'imagine, » plus désagréable que le purgatoire et presque aussi brûlant que l'enfer.

Les quatre mois de fraîcheur sont novembre, décembre, janvier et février, et les visiteurs devraient régler leur arrivée pour l'un de ces mois lorsque même les stations des plaines commencent à paraître comparativement agréables, et les habitants européens dispos et contents.

De Meerut à la vallée du Doon, distance de cent

milles environ, le voyageur acquerra quelque expérience de la façon d'aller en poste dans les Indes.

Les plus hautes chaînes de l'Himalaya sont visibles de Meerut pendant les pluies; mais dans les autres saisons, elles ne sauraient être aperçues avant qu'on ne soit entré dans le district de Saharanpore, à cinquante ou cent milles de leur pied. Les collines Sewalik, qui bornent le Doon au sud et sont par conséquent plus rapprochées d'une vingtaine de milles, apparaissent bientôt après; elles sont d'une hauteur relativement insignifiante, puisqu'elles n'atteignent que cinq à six cents pieds; mais elles servent comme de premier plan, et avec les montagnes gigantesques qui les dominent, elles composent un point de vue que j'ai rarement vu ailleurs.

Tout le long du parcours, depuis Calcutta à Meerut, à Dehra, à Mussouree, il y a des hôtelleries qui, pour n'être pas sur le même pied que celles d'Europe, sont cependant bien appropriées aux besoins du pays, et aussi confortables que tout sportsman pourra le désirer. Au delà de Mussouree, dans les montagnes, et même en chassant dans le Doon, il se trouvera presque aussi indépendant qu'un bohémien; mais en échange du confortable, de la vie des maisons et des villes, sans parler de la chasse pour laquelle il est venu, il pourra errer tout à son aise sur des terres affranchies de haies, de digues, de fossés, et privées de tout écriteau signalant des piéges à loup, des fusils à ressort, et menaçant de poursuites avec toute la rigueur des lois.

La vallée du Dehra est bornée par l'Himalaya au nord, le Sewalik au sud, et les deux rivières le Gange et la Jumna à l'est et à l'ouest. Elle a environ quarante milles dans sa plus grande longueur et seize milles en largeur. Les collines Sewalik s'étendent au delà de sa frontière sud à l'est et à l'ouest; elles ont environ huit à dix milles en travers, et se composent d'une série de collines, de rochers coupés en formes fantastiques par d'innombrables ravins qui, en général, sont complétement secs, sauf à l'extrémité méridionale, où un mince filet d'eau demeure perpétuellement dans chacun d'eux, et procure en grande abondance de très-petits poissons appelés *chilwas*. Dans la saison des pluies, des torrents soudains, *raos* en langage du pays, se précipitent dans ces ravins, balayant tout ce qui s'oppose à leur passage, et quelquefois ils mettent en péril les voyageurs ou les marchandises qui passent en cette saison, attendu que les routes ou défilés dans les montagnes suivent généralement le cours de ces lits de torrent. Le capitaine Burton, dans son pèlerinage à Médine et à la Mecque, adopte le mot *inmara* comme exprimant exactement l'espèce de canal que nous appelons un *rao* dans le Doon.

Les collines Sewalik sont couvertes de jungles épais, dont les principaux arbres sont le *sál*, le *sénd*, le *seesum*, le *jamun*, le *huldoo* et le *cheer*. Les deux premiers fournissent un bois très-dur et très-précieux pour les constructions ; le troisième, qui représente un fil et un moiré d'un foncé admirable, ressemble au bois de rose et s'emploie principalement pour meubles ; le quatrième et le cinquième sont des bois légers, d'une teinte jaunâtre et d'une valeur inférieure ; le sixième est le pin de l'Himalaya à longue épine dont le fil rappelle le sapin ; mais comme l'arbre croît suivant l'enroulement curieux d'un tire-bouchon, en tournant comme s'il était sur son axe, toutes les planches et les charpentes qu'on en détache sont coupées avec le fil en biais, et sont comparativement faibles et inutiles.

Ces arbres des jungles sont souvent couverts par les touffes du *maljun* ou plante à l'éléphant de la grande espèce, dont les feuilles composent la nourriture favorite du *sambah,* cerf au grand bois des plaines ; le nom employé par les indigènes pour désigner cet animal est *burra singha,* tandis que le cerf douze-cors s'appelle *bárá singha,* et les deux noms sont confondus souvent.

La formation géologique du Doon et des collines basses et des pentes au pied de l'Himalaya, est la même que celle des Sewalik : des cailloux, des lits d'argile, de la marne rouge, du grès varié, avec des sources salées en quelques endroits ; mais les montagnes Himalaya montrent un changement brusque jusqu'aux calcaires et aux schistes de la plus haute antiquité.

Il est impossible de concevoir un plus majestueux amphithéâtre que celui formé par le Doon et ses limites ; une vallée de cinq cents milles carrés d'étendue, délicieusement diversifiée par des forêts et des champs, pendant que les deux plus belles rivières de l'Inde se précipitent de chaque côté sur les rochers de leur lit qui brisent leurs ondes claires en écume, contraste aussi complet que possible avec leur cours tranquille et vaseux, alors qu'elles serpentent, saturées de sable et de boue, à travers les plaines étouffantes de chaleur, entre leurs sources montagneuses et la mer. Un panorama toujours changeant de collines entoure la vallée ; le soleil dans sa course, et les alternatives de lumière claire ou nuageuse, détachent en vigueur ou rejettent dans l'ombre tour à tour leurs cimes diversement nuancées, cependant que bien haut et au-dessus de toutes, vers le nord, quand le ciel est sans nuages, brillent dans toute leur pureté les blanches pyramides de la neige éternelle.

La saison des pluies, qui est le seul temps désagréable à Mussouree ou dans la vallée, procure à l'artiste une série infinie d'effets saisissants produits par la lumière et l'ombre. La distance énorme à laquelle s'étend la vue par suite de l'élévation des collines de Mussouree, les nuages épais et lourds de pluie, l'éclatante lumière du soleil à l'Orient, les ombres brisées des collines, les innombrables ruisseaux et les divers paysages de la vallée, composent des tableaux fondants d'un monde fantastique plus étonnants même que les conceptions de Turner.

Il faut se rappeler qu'en parlant de l'Himalaya, nous ne faisons pas allusion à une ligne de montagnes isolées ou Sierra, bien que ce terme s'applique à la chaîne couverte de neiges. L'Himalaya comprend tout le pays situé entre Cachemire et Cachar, et entre les plaines de l'Inde et les plaines du Thibet, l'*Heemachul* ou pays des neiges, comme l'appellent les Tartares. Cette étendue de territoire ne possède point de plateau, à proprement parler ; elle forme comme un système gigantesque de ravins et se compose partout d'une série de montées escarpées ou de précipices, les vallées descendant jusqu'à des gorges étroites et à des lits de torrent, les collines ne s'élevant à d'étroits sommets en arête que pour redescendre immédiatement de l'autre côté.

Ces montagnes possèdent des emplacements pour des villages, à toutes les hauteurs, depuis mille pieds jusqu'à la plus haute limite à laquelle l'homme soit jamais parvenu, c'est-à-dire vingt-deux mille pieds ; elles présentent en conséquence toutes les variétés de climat correspondantes, et une flore et une faune également variées. Un observateur attentif est à même, après une courte expérience dans les montagnes, de dire à peu près, à coup sûr, l'élévation d'un point quelconque au-dessus du niveau de la mer, en remarquant les espèces d'arbres et de plantes qui lui sont particulières.

Naturellement, la chasse dans les montagnes elles-mêmes ne peut être suivie qu'à pied, et c'est à force de pratique seulement qu'un chasseur, n'ayant pas l'habitude des terrains escarpés, peut traverser sans crainte les sentiers qui semblent suspendus dans les airs, ou escalader les rochers dangereux où aucun chemin n'est frayé, et qu'il faut franchir cependant pour chasser le *gooral* ou le *thâr*. Toutefois, la faculté de regarder au fond d'un précipice du sommet, ou de n'avoir point le vertige sur un terrain qu'un habitant des plaines considérerait comme périlleux, s'acquiert bien vite; et un étranger qui n'aura fait que parcourir l'Himalaya pendant une semaine, s'étonnera de sa timidité première dans les endroits où il ne pourra plus voir ensuite aucun danger.

Les personnes nerveuses affirment quelquefois qu'é-tant sujettes au vertige, elles ne perdent jamais leur crainte d'un terrain difficile; mais cela provient sur-tout de ce qu'elles évitent toujours tout ce qui res-semble à une difficulté de passage, au lieu de tâcher, comme elles le devraient, de pratiquer sur un terrain relativement facile jusqu'à ce qu'elles puissent prendre de plus sérieuses leçons.

Un léger bâton d'une longueur de six pieds environ, et de la grosseur d'une queue de billard, augmente beaucoup la sûreté et la confiance avec lesquelles on peut franchir les passages dangereux; mais le procédé de beaucoup le meilleur, quand le chasseur se trouve intimidé parce qu'il perd confiance ou ne se sent plus le pied solide, consiste à enlever immédiatement ses souliers; cette opération suffit souvent pour reprendre complétement possession de soi-même; mais s'il n'en était pas ainsi, il vaudrait mieux se coucher à plat ventre et rester à mesurer les distances avec les yeux, en les fermant alternativement pendant quelques minutes, ou pendant toute longueur de temps qui peut être nécessaire pour amener le sang-froid. Le manque de nourriture produit fréquemment une tendance à l'étourdissement, et l'on fait bien de prendre un biscuit ou un œuf dur et une galette indigène (*chapattie*) dans sa poche, lorsque l'on s'attend à une longue journée de fatigue ou à un terrain difficile.

Les *ghâts* ou sentiers praticables sur la ligne des neiges sont tous fermés pendant environ huit mois de l'année; ils varient entre quinze ou dix-huit mille pieds comme hauteur. Il est à désirer que les sportsmen calculent leur voyage à travers les collines inférieures de manière à atteindre le sentier des neiges par lequel ils ont l'intention d'entrer dans le Thibet, vers le temps où ces passages s'ouvrent en juin. En s'y prenant ainsi, ils emporteront avec eux un temps splendide à travers les collines, et ils en sortiront avant que commence la saison des pluies. A leur première chasse dans ces parages, ils ne rencontreront rien qui rappelle les meilleures chasses des montagnes, lesquelles ne peuvent guère être effectuées parfaitement qu'après la tombée de la neige ; ils passeront, toutefois, dans le Thibet où il n'y a point de pluies, la seule saison dans laquelle la résidence y soit praticable pour les Européens, et ils éviteront la seule saison qui soit désagréable dans les montagnes de notre côté.

Le temps où la saison de la mode et des plaisirs jette le plus d'éclat dans notre station sanitaire des montagnes, comprend les mois de septembre et d'octobre, pendant lesquels la végétation luxuriante qui succède à la pluie rend la chasse infructueuse dans les montagnes et dangereuse dans le Doon. Il conviendrait de passer ces deux mois à *Simla*, *Mussouree* ou *Nynee Tál*, ou partiellement dans chacun de ces endroits, et le moment de la perfection pour les chasses dans les chaînes des collines inférieures viendrait après cette période, la chute de la neige ayant eu lieu en novembre et décembre.

Pour nous résumer quant aux meilleures saisons à passer dans chaque région ou à chaque hauteur, nous supposerons un chasseur anglais consacrant une année à cette excursion, non compris le voyage de l'Inde, aller et retour, lequel prendra environ un mois dans l'un et l'autre cas. En prenant le 1er décembre la malle de l'Inde pour Calcutta par l'Égypte, ou le navire qui passe par le Cap, s'il fait le service à cette époque et marche avec une vitesse constante de vingt milles à l'heure, et tout en ayant amplement le temps nécessaire pour voir le pays sur le parcours jusqu'aux montagnes, le sportsman se trouvera vers le 12 février dans le Doon. Février, mars et avril sont les meilleurs mois pour chasser dans le Doon, sans courir le risque de gagner les fièvres ou souffrir des inconvénients de la chaleur. Les mois de mai et de juin, les plus chauds de l'année, se passeront ainsi dans les montagnes en route, de la vallée du Doon aux régions de la neige. C'est alors que l'on peut acquérir quelque expérience de la chasse des montagnes et se procurer des échantillons de presque toutes les espèces du gibier de ces hauteurs.

Les pluies commencent dans les montagnes vers le 15 juin ; mais à cette époque il faudrait atteindre l'entrée des vallées neigeuses qui mènent aux différents *ghâts* ou passages. Il n'y tombe que peu d'eau, attendu que les villages sont tous situés à une élévation de dix à douze mille pieds. Les quelques pluies qui surviennent ont la forme de bruine ; mais les brouillards empêchent toute chasse et rendent désirable un passage prompt de l'autre côté.

Les pluies cessent vers le 15 septembre, et la neige commence alors à tomber dans les défilés ; aussi les sportsmen feront bien de les repasser vers le 1er septembre et de régler leur marche de façon à être rendus à Mussouree le 20. Le beau de la saison dans les collines aura cessé le 1er novembre. Toutes les dames et les officiers en congé de maladie retournent dans les plaines, à cette date, pendant que la neige devient générale sur les hauteurs.

Voici la liste des objets qu'un sportsman devrait se procurer en Angleterre et dans l'Inde, avant d'entrer en campagne.

A prendre en Angleterre :

1°. Un fusil à deux coups, rayé, de Terry, du calibre de quatorze, complet dans sa boîte ;

2° Une carabine à deux coups, rayé, de Terry, calibre du gouvernement, complète dans sa boîte ;

3° Une double lorgnette de campagne, de Chevalier ;

4° Une petite tente de montagne en mackintosh vulcanisé, pouvant se transformer en bateau ;

5° Un couteau de chasse indien de Mappin ;

6° Une balance à ressort indiquant jusqu'à 80 livres, pour peser les charges des coolies, la farine, etc. ;

7° Une lampe de voyage avec son approvisionnement de chandelles ;

8° Douze poires de poudre et deux sacs de plomb n° 1 et n° 6. (On peut prendre une partie de ces munitions sous la forme de cartouches.)

9° Cinq mille cartouches et deux cents tubes détonants pour obus ;

10° On peut emporter un costume complet de cérémonie et aussi des chemises pour le voyage, avec des ornements personnels suivant le goût de chacun ; mais pour le chasseur, tout ce qui est nécessaire sur le terrain se réduit à deux vêtements de coton brun, deux de laine grise, une demi-douzaine de chemises de Crimée, six chemises de coton, douze paires de chaussettes en laine, quatre paires de souliers et une casquette ;

11° Une provision de serviettes ;

12° Quelques couteaux de poche et des lunettes à verres bleus et à toile métallique, pour cadeaux à faire aux Tartares ;

13° Du papier à lettre et des livres ; le moins sera le mieux.

Les objets que l'on peut se procurer dans l'Inde, c'est-à-dire à Mussouree, sont :

1° Une tente de domestique (*pâl*) ou petite tente de montagne ;

2° Un sac de cinq cents balles ;

3° Un lit (*charpoy*) portatif et sa garniture ;

4° Deux grandes et deux petites casseroles, deux chaudrons et une poêle à frire ;

5° Des plats, des assiettes, des tasses et des soucoupes, des couteaux, des fourchettes et des cuillères en fer battu ;

6° Une provision de lard, des conserves de viande et de bouillon dans des boîtes d'étain, du thé et du sucre;

7° Une demi-douzaine de chèvres laitières;

8° Un baril de cantinière pour les liqueurs, avec un petit cadenas à la bonde et un robinet s'ouvrant avec une clef;

9° Une des cartes officielles de la localité.

Il faut bien se mettre dans l'esprit que dans les montagnes tout doit être porté par des hommes et emballé dans les caisses légères de bambou, recouvertes de cuir, qu'ils appellent *kiltas*. Environ vingt coolies suffiraient pour porter tout ce qui peut être nécessaire à un chasseur et à deux domestiques. Chaque coolie porte une charge de cinquante livres et reçoit pour gages douze shillings par mois. Les provisions pour une excursion de six mois coûtent à peu près vingt livres sterling (500 francs); les achats en extra, la farine, les légumes, reviennent à une livre par mois (25 francs), soit, toutes dépenses comprises pour un voyage dans les montagnes, vingt à vingt-cinq livres sterling par mois (500 à 625 francs).

Le prix du passage par l'Égypte, d'Angleterre aux Indes, est de cent dix livres sterling (2,750 francs); les frais de séjour dans les hôtels de Calcutta sont de dix shillings par jour (12 fr. 50), et le coût du voyage jusqu'aux montagnes s'élève à peu près à vingt-cinq livres sterling (625 francs).

J'ajoute ici une liste du gibier et des animaux sauvages que l'on rencontre dans la section transversale que j'ai nommée, en indiquant les noms du pays sous lesquels ils sont connus dans cette localité, et qui diffèrent en certains cas des noms usités dans les autres parties de l'Inde.

Dans la vallée du Doon et les Sewalik, nous trouvons :

Le tigre	Bagh.
Le léopard	Baghera.
Le lynx	Seeah gosh.
Le chat-lynx	Seeah gosh billee.
Le chat-léopard	Bughera sa billee.
Le chat-tigre	Lukkeer wallah billee.
Le putois	Bilao.
L'ours	Baloo.
L'hyène	Lugga bugga.
Le chacal	Geedhur.
Le renard	Loomree.
Le renard jaune	Zurd lom.
Le fossoyeur	Bijjo.
La loutre	Ood bilao.
L'éléphant	Hathee.

Le sanglier	Bunêla.
Le porc-épic	Say.
Le grand cerf	Sambah ou burra singha.
Le cerf douze-cors	Bara singha.
L'axis	Cheetul.
Le cerf à quatre bois	Dodur.
L'élan (cerf aboyeur)	Kakur
Le lièvre	Khur gosh.
Le paon	Morela ou mohur.
Le floriken (outarde)	Churhuj.
La poule de Barndoor	Moorghee.
Le faisan argenté	Kaleej.
La perdrix noire	Kala teethur.
La perdrix grise	Teethur.
La caille commune	Buthêr.
La caille des pluies	Bursatke buthêr.
La caille des buissons .	Lowa.
Divers canards et sarcelles	Buttuk et Moorghâbee.

Le bara singha, bien qu'abondant vers l'est aux environs de Burmdeo, est presque détruit dans le Doon. En sus des animaux ci-dessus, que je sais être dans le Doon, j'ai entendu dire qu'on y avait vu des nilghauts et aussi l'outarde-floriken, qui est un peu plus grande que le vrai floriken, et de la grosseur exacte d'une petite outarde ; on y trouve aussi le bastard floriken ou leekh, qui se reconnaît à deux plumes vertes qui pendent d'une façon curieuse à sa gorge.

Dans les montagnes entre le Doon et la neige, sont :

Le chamois de l'Hima-laya	Gooral.
La chèvre-antilope	Surrow.
Le cerf des montagnes	Jurow.
Le cerf aboyeur (élan)	Kakur.
La grande chèvre sauvage	Thâr.
Le chevrotain porte-musc	Kustoora ou bena.
Le tigre	Sher ou bagh.
Le léopard	Baghera.
L'ours noir	Baloo.
L'ours brun	Reech.
Le dingo ou chien sauvage	
Le renard des montagnes	Junglee kootha.
La martre sauvage des sapins	
La fouine	
Le faisan argenté	Kaleej.
Le faisan bleu	Moonal.
Le faisan brun	Cheer.
Le faisan moiré	Koklâs.
Le faisan argus	Loongee.
La perdrix des montagnes à pattes rouges	Chikor.
Le francolin ou perdrix noire	Kala Teethur.
La perdrix grise	Teethur.
La perdrix des bois	Pewra.
Le coq de bruyère	Bun chaha.

Dans la neige et au delà sur les plaines du Thibet :

Le yack sauvage	Bunchowr ou brong.
Le mouflon	Nyan.
Le mouton des neiges	Burrul.
Le cheval sauvage	Kyang.
Le léopard des neiges	Sufed bughera.
L'once blanche	Chota bughera.
Le loup des neiges	Chanko.
La marmotte des neiges	Pheea.
Le lièvre bleu du Thibet	Chasa.
Le faisan des neiges	Hunyal.
La perdrix des neiges	Burfke teethur

CHAPITRE II

LA CHASSE A L'ÉLÉPHANT

Indices du passage de l'éléphant sauvage. — Opinions de sir Emerson Tennant et la chasse à Ceylan. — Il ne faut pas espérer de forcer à la course les éléphants dans le Doon. — Traits caractéristiques des éléphants du Doon. — Éléphant tué dans la Hutnee Rao. — Les éléphants khoonnee et Gunesh le meurtrier. — Dispositions morbides à mal faire quand ils sont en rut. — Capture des éléphants sauvages au moyen de piéges. — Fosses et nœuds coulants. — Langage des éléphants.

Quelle que puisse être l'espèce de gibier que le chasseur poursuit dans la vallée du Dehra-Doon, et quelque direction qu'il puisse prendre à travers ses forêts, il ne peut éviter de remarquer d'étranges sentiers indiqués, non-seulement parmi les terrains unis de la plaine, mais encore serpentant sur les cimes des collines Sewalik, courant sur le bord des précipices et parfois se creusant en biais le long des ravins où les chevaux et les bestiaux domestiques pourraient à peine trouver pied.

Longtemps avant d'avoir résolu la question de la formation de ces sentiers, j'avais imaginé diverses causes supposées de leur existence : l'exploitation possible des jungles de Sewalik par les villageois, ou les campements de bûcherons et de chasseurs, ou encore le passage des troupeaux de bœufs des marchands de grains ; mais chaque théorie de cette espèce était réfutée par le nombre et les enroulements multipliés des sentiers qui n'aboutissaient nulle part qu'à des labyrinthes sans fin de jungles entremêlés, et à des solitudes profondes. Lorsque je connus mieux le Doon et ses habitants, je constatai que les mystérieux sentiers de la forêt et de la montagne étaient faits par les éléphants sauvages, et dans la terre accidentée des Sewalik, il arrive souvent qu'une route longtemps durable est tracée par un seul passage de ces hôtes gigantesques des bois.

Tout le voisinage du Doon et le Damun-i-Kob, ou la lisière du sublime Himalaya, sont admirablement appropriés à la demeure de l'éléphant sauvage, dont les grandes troupes s'en vont voyageant à la file indienne et laissant en plaine une piste d'environ quatre pieds de largeur. Sur un terrain montagneux ils serrent de près la ligne, et leur voie n'a pas plus de deux pieds de large, cette largeur restant à peu de chose près la même, que le troupeau s'élève à sept têtes seulement ou à soixante-dix. En plaine, la plante molle de leurs pieds ne fait que fouler le gazon, en laissant une trace unie et plate, sans défoncer le terrain, et la croissance épaisse des herbes luxuriantes pendant les pluies qui viennent ensuite efface toute marque de leurs pas. La somme d'attention qu'ils peuvent avoir accordée aux arbres voisins indique la vitesse avec laquelle ils ont voyagé. S'ils sont effarouchés, ou s'ils ne font que se rendre à quelque endroit particulier qu'ils peuvent désirer visiter pour y paître, ils n'arrachent point le gazon et les feuilles, ils ne brisent point les branches et ne dépouillent point les arbres de leur écorce, comme ils commencent à le faire quand leur marche dégénère en flânerie. Lorsqu'ils sont près de l'endroit où ils doivent faire la sieste de midi, la voie principale se subdivise en d'innombrables pistes individuelles, attendu que chacun va fourrager pour son propre compte, bien qu'ils ne s'écartent jamais loin du corps principal du troupeau. Aussi un seul cri aigu d'alarme les rassemble

2.

tous, à l'exception peut-être du vieux mâle boudeur et indépendant, qui est le maître et a conscience de sa force énorme.

Bien avant de connaître par l'expérience pratique et oculaire que de grandes troupes d'éléphants fréquentaient le Doon, lorsque je suivais à la trace les pistes annuelles des éléphants dans la plaine, ou les chaussées éternelles marquées par leurs courses errantes à travers les terrains de formation caillouteuse des montagnes Sewalik, j'avais estimé que le gibier colossal qui pouvait parcourir notre voisinage, en restant néanmoins invisible à nos recherches inexpérimentées, ne se composait que de monstres fabuleux que j'avais peu de chances de rencontrer jamais. Je me rappelle qu'une fois un vieil officier qui avait habité quelques années dans la vallée décrivait à plusieurs jeunes novices, parmi lesquels je me trouvais, une troupe d'environ soixante-dix éléphants qu'il avait vus passer, étant de service, auprès d'un des ruisseaux du Doon. Un coup d'œil d'incrédulité fit le tour de l'auditoire quand nous entendîmes un pareil chiffre, et nous tombâmes ensuite d'accord dans notre conversation que le vieux K... employait une arme plus primitive qu'une carabine dans

ses épisodes de chasse. L'expérience m'a toutefois convaincu depuis que notre suffisance était plus fautive
que la véracité du vieillard.

Les sporstmen résidents et les officiers malades établis dans le Doon et à Mussouree paraissent ne prendre
que fort peu d'intérêt aux habitudes du plus gros gibier
de l'Inde, bien que plusieurs d'entre eux se montrent
ardents et infatigables à poursuivre le cerf moucheté
(axis) ou à pêcher le mahseer.

Quant aux officiers malades, j'ajouterai en passant
que je les ai trouvés, en thèse générale, des gaillards
robustes à la joue vermeille, dont la maladie, comme
les éléphants eux-mêmes, ne pouvait être découverte
que par un praticien consommé.

Depuis l'époque où j'écrivis le récit suivant de la
chasse aux éléphants dans le Doon, j'ai eu l'occasion de
lire l'admirable ouvrage de sir Emerson Tennant, dans
lequel il décrit la manière de prendre les éléphants à
Ceylan dans les corrals, comme on appelle les kheddas
en ce pays. Son expérience personnelle, quant aux
mœurs des éléphants sauvages, paraît avoir été bornée
à ce qu'il a vu, et décrit d'une façon si pittoresque lors
de la capture de deux troupeaux successifs dans le

corral. Ses observations sévères sur le cas notoire de boucherie faite de sang-froid sur un éléphant par Gordon Cumming, si souvent citée contre les sportsmen, d'après la *Vie d'un chasseur dans le sud de l'Afrique*, seront approuvées par tous les vrais amateurs de la chasse, et tous apprécieront sa sympathie pour la calme dignité du désespoir avec laquelle les éléphants se résignaient à leur sort dans le corral une fois qu'ils se sentaient liés ; mais il paraît s'être laissé entraîner par son sujet, et il exagère à la fois l'amabilité de l'éléphant et l'insensibilité des chasseurs. Siégeant avec un certain nombre de compagnons sur une plate-forme confortable attachée dans un groupe d'arbres dont la dimension le mettait absolument à l'abri du danger, sir Emerson regardait une troupe d'éléphants chassée dans une enceinte préparée avec soin, pendant que près de trois mille indigènes et une certaine quantité d'éléphants domestiques, toutes les ressources de la science et de l'art, étaient employés à prévenir le danger et rendaient le troupeau sauvage comparativement impuissant. Après avoir raconté avec quelle facilité, dominés par la terreur, les éléphants étaient amenés par les cris et les hurlements, les tambours, les tamtams, les torches flamboyantes et les feux de la mousqueterie les entourant de toutes parts, dans l'intérieur du corral, et avec quelle aisance et quelle habileté les porteurs de nœuds coulants, protégés par les éléphants de leurre, les attachaient aux arbres, il conclut ainsi, page 371, volume IIe :

« En résumé, si la sagacité, le calme et la docilité des éléphants de leurre étaient bien capables d'exciter un vif étonnement, il était impossible de refuser la plus haute admiration au maintien calme et digne des captifs. Tout leur aspect était en complet désaccord avec les descriptions faites par quelques-uns des chasseurs qui les harcèlent et les représentent comme traîtres, sauvages et vindicatifs. Lorsqu'ils sont tourmentés par les fusils de leurs persécuteurs, ils déploient sans doute toutes leurs forces et leur adresse pour essayer d'user de représailles ou pour s'échapper; mais en ce moment tous leurs mouvements indiquaient l'innocence et la timidité. »

C'était, je le dirai, chose très-vraisemblable ; mais il est tout naturel qu'un chasseur accoutumé à errer seul ou peut-être avec un seul serviteur, à travers la forêt, et à mettre toute sa confiance dans sa carabine lorsqu'il suit à la trace un vieux mâle ou un solitaire, fasse un récit très-différent de ses impressions quand il se trouve face à face avec sa gigantesque proie.

Je n'ai jamais pu concevoir quelle satisfaction éprouvent quelques chasseurs de Ceylan à massacrer une quantité d'éléphants au milieu d'un troupeau, dans un pays où ceux qui sont armés de défenses sont si rares, qu'il n'en est pas plus d'un sur trois cents qui porte des ivoires. Et non-seulement les éléphants à défenses sont si rares à Ceylan, que parmi tous les récits de la chasse aux éléphants du vieux Baker, il n'est point fait mention d'un seul de ses succès contre un porteur de défenses parvenu à toute sa croissance, mais encore les indigènes ne veulent point toucher à la chair de l'éléphant, et il n'a pas même pu goûter la satisfaction de savoir, comme Gordon Cumming, que par ses battues il fournissait de la nourriture à des vingtaines d'indigènes mourants presque de faim.

Je partis un jour de Dehra pour me rendre à Doocewalla, au delà de Lucheewalla, avec C. Grant, du service civil. Nos tentes étaient dressées dans une plaine à l'herbe touffue, parsemée de buissons épineux et de quelques bouquets d'arbres des jungles; nous avions avec nous des éléphants munis de selles et de howdahs, ayant l'intention de faire une battue générale pour tout gibier. Nous commençâmes à battre la plaine de Lucheewalla dans la direction de la rivière Sooswa, et après avoir tué un cochon-cerf (babiroussa) et un cheetul (axis), nous venions de faire lever un gros sanglier, lorsque j'aperçus devant nous deux grandes masses couleur d'ardoise que je supposai d'abord être des rhinocéros ; examen fait de plus près, il se trouva que c'étaient de jeunes éléphants âgés d'environ dix ans qui partirent dès qu'ils aperçurent notre ligne. Nous leur courûmes sus et nous les suivîmes quelque temps à pied. Je déchargeai sur l'un des deux une carabine légère à un seul coup, la seule arme que j'eusse avec moi pour le moment. Je désirais vivement en tuer un si c'était possible, attendu que c'était la première fois que j'en voyais de sauvages ; mais si j'avais eu un peu plus d'expérience, je n'aurais jamais pensé à tirer sur de si petits animaux dépourvus d'ivoires, car je m'étais imposé la loi de ne jamais tuer un gibier, de quelque nature qu'il pût être, à moins d'avoir quelque objet précis en vue pour agir ainsi. A cette occasion, je m'instruisis du moins un peu quant à la vitesse avec laquelle les éléphants sauvages peuvent arpenter le terrain quand ils font de leur mieux à cet égard. Aucun coureur à pied, si rapide qu'il soit, ne pourrait espérer échapper à un éléphant par la vitesse de sa course ; et pendant deux ou trois cents mètres, il faudrait à un cheval, pour l'éviter, toute la rapidité du galop le plus vif. Croyant, toutefois, qu'il pourrait être praticable de forcer à la course les éléphants dans le Doon, je pris, le lendemain, un cheval favori, un alezan du sang le plus pur, nommé Waverly, et je résolus, si je ne pouvais rencontrer des éléphants, de chasser à courre l'axis ou le babiroussa. En partant après déjeuner avec Grant, j'avais blessé au pied un cerf moucheté, et pensant que c'était là une bonne occasion d'essayer le terrain, je laissai de côté mon éléphant, et bientôt après, je galopais sur Waverly à la poursuite de mon gibier.

Je commençai par trouver que les cailloux semés parmi les jungles du Doon prêtaient à cette course une excitation plus que suffisante, sans parler des nombreux ruisseaux desséchés, beaucoup trop dissimulés par les buissons pour qu'on en puisse voir clairement les bords, et trop larges pour qu'aucun cheval les puisse franchir, même dans des circonstances d terrain favorables. Comme je me coulais à travers les arbres et baissais la tête sous les branches, gagnant à chaque pas de vitesse sur le cerf, je sentis à plusieurs reprises que mon cheval bronchait d'une façon inquiétante, lorsque ses pieds s'enfonçaient à travers des monticules de pierres et de terre dont les irrégularités étaient entièrement cachées par l'herbe et les buissons. Plus nous avancions, plus la vitesse devenait grande et plus le terrain devenait mauvais ; mais comme il suffisait de quelques enjambées de plus pour me placer côte à côte avec la bête, je poussais Waverly en avant avec l'idée qu'il chancelait ou trébuchait pour la dernière fois, et allongé sur l'encolure, je dirigeais le bout de mon revolver vers la tête du cerf, lorsque avec un fracas épouvantable, Waverly piqua une tête en avant. Je suivis naturellement son exemple avec le plus grand succès, et après une culbute complète, nous nous trouvâmes, le cheval couché sur le flanc au-dessus de moi, avec les fontes et le pommeau de la selle brisés, et le cavalier évanoui.

Je ne sais combien de temps je restai ainsi étendu. Lorsque je rouvris les yeux, j'aperçus Waverly debout, tout décontenancé d'aspect et fort délabré de tenue générale, tandis que pendant cinq ou dix minutes, je n'eus moi-même que des notions très-vagues sur mes antécédents personnels. Je parvins bientôt, quoique fort ébranlé, à remonter à cheval et je revins vers la ligne de nos éléphants, complétement renseigné quant à l'impossibilité de forcer à la course les éléphants ou tout autre gibier dans le Doon, et gardant au côté, pendant quelques semaines, de pénibles souvenirs de ma chute.

Quelque temps après le saut périlleux ci-dessus, j'appris de quelques-uns de mes subordonnés indigènes qu'un éléphant venait de prendre ses quartiers près du lit desséché d'un des torrents des Sewalik, appelé Hutnee Rao, à côté de Hurdwar. Comme c'est l'usage lorsqu'il se fait de tels rapports, cet éléphant particulier me fut décrit comme ayant la taille d'un mammouth et une mine de mauvais augure, qui portait à son paroxysme l'état chronique d'éléphantophobie de tous les bûcherons et brinjaras de ce canton.

Quand j'étais dans la vallée, la nature de mes fonctions officielles ne me permettait guère de mettre à profit des renseignements de cette espèce, attendu que

je ne pouvais quitter le bureau et la trésorerie que
pendant les jours de fête des indigènes, ou lorsque
j'étais de service dans l'intérieur pendant que mon second tenait ma place au quartier général. Dans le cas
présent, j'avais à partir à cheval le soir, à chasser tout
le jour suivant et à revenir la nuit. Je m'étais, dans
l'intervalle, procuré le crâne d'un éléphant du commissariat qui était mort dans le jungle près de Dehra, et je
l'avais scié en deux pour examiner la position et les
dimensions de la cervelle, ainsi que l'inclinaison et la
résistance des os de la tête. Gordon Cumming dit, si
je me rappelle bien, dans son livre sur la chasse en
Afrique, qu'il est inutile de tirer sur un éléphant à la
tête, vu qu'aucune arme ordinaire ne peut assurer la
pénétration de la balle, et qu'il lui a fallu trente coups
en moyenne pour tuer chaque éléphant, en visant surtout au défaut de l'épaule. En fait, la plupart des
sporstmen semblent être d'accord sur le tir à la tête.
Dans l'intéressant ouvrage de M. Charles-John Anderson sur le sud de l'Afrique, publié par MM. Hurst et
Blackett en 1856, on trouve la note suivante sur «l'endroit où il convient de viser un éléphant : » « J'ai perdu
plus d'une noble bête à cause du faible calibre de mes

fusils, qui ne comportaient respectivement que quatorze et seize balles à la livre. Ce fut plus spécialement le cas en ce qui regardait les éléphants, et ce n'est qu'après un certain temps, et lorsqu'ils étaient devenus rares et farouches, que je trouvai moyen de les jeter bas avec quelque certitude en un ou deux coups. Je découvris que le meilleur endroit à viser (lorsqu'on tire la nuit) était l'épaule, soit derrière, soit au milieu, près du bord inférieur de l'oreille. Une autre méthode également bonne, pourvu que le fusil soit d'un fort calibre, consiste à tirer sur la jambe, qui, une fois brisée, met dans presque tous les cas l'animal complétement à la merci du chasseur. »

Mais des chasseurs de Ceylan, d'autre part, tuent quantité d'éléphants de Ceylan avec une seule balle d'une carabine ordinaire, en atteignant la cervelle par le front ou par la tempe. J'ai cité dans le chapitre VII l'opinion de M. Baker, le premier des chasseurs d'éléphants de Ceylan.

L'éléphant africain est, je le sais, une espèce distincte de ceux de la vallée du Doon; l'éléphant de Ceylan se rapproche plus du type asiatique; mais il en est sans doute une variété, car il y a des signes caractéristiques par lesquels même les éléphants du Dacca, des Kheddahs et d'Assam se distinguent de ceux du Doon; ces derniers ont toutes les qualités les plus estimées par un chasseur pour choisir des éléphants de chasse ou de course; ils ont le dos voûté très-haut et les jambes arquées, au point de paraître bancroches par le fait de l'énorme quantité de muscles placés sur la partie extérieure de leurs jambes de devant. L'inclinaison du front et de la trompe, ou autrement dit l'angle facial, est presque perpendiculaire, et ne fuit pas en forme de groin comme dans l'espèce d'Assam; la couleur de la peau est très-foncée, et cette espèce est connue des indigènes sous le nom de « Kalabuns. »

Les éléphants sauvages paraissent toujours d'une couleur beaucoup plus claire que les éléphants domestiques, parce qu'ils se maintiennent couverts d'une boue qui prend en séchant une teinte jaune ou bleuâtre, ou d'une poussière sèche; ils le font pour se protéger contre les piqûres des mouches, auxquelles ils sont extrêmement sensibles et qui leur causent une grande incommodité immédiatement après les pluies.

Je n'avais pas à l'époque où j'entendis parler du gros éléphant de l'Hutnee Rao, de fusils bien disposés pour la chasse à l'éléphant. Très-amateur du tir à la carabine contre une cible, j'avais adopté le principe américain, des très-petits calibres avec des canons très-épais, et mes carabines, quoique bien calculées en vue des épreuves d'un tir, se trouvaient pour la plupart presque inutiles contre le gros gibier. Je préparai en conséquence une balle conique à pointe d'acier pour ma canardière à un coup, et je pris un fusil ordinaire à doubles canons lisses du calibre de quatorze que je chargeai à balles pour réserve. Un de mes amis qui assistait à mes préparatifs, les jugea en me déclarant que je pourrais aussi bien jeter mon chapeau contre l'éléphant pour l'effaroucher, et que celui-ci probablement exécuterait un double pas de danse sur ma personne comme finale de l'épisode. Je résolus néanmoins d'agir suivant les renseignements dont j'ai parlé, et montant à cheval, je me rendis à Kansrao, où je trouvai campé un vieil ami, le major Hampton du 31e. Il me prêta un cheval de guerre, arabe qui ne bronchait pas au feu, pour que je le montasse le lendemain matin, bien que je susse par expérience que poursuivre le gibier à la course ou le tirer du haut d'une monture, ne serait point chose praticable sur les pentes des Sewalik. Un guide brinjava et un petit chasseur ghoorka qui portait mon second fusil, m'accompagnaient. En quittant le bord de la Sooswa, nous traversâmes une forêt de sâl et de send ; les arbres étaient fort clair-semés et la terre assez nue, le gazon ayant été brûlé ou mangé par les bestiaux. Comme nous approchions des collines Sewalik, nous trouvâmes une épaisse forêt de jeunes sâl et de grandes herbes, à travers lesquels il eût été impossible de passer à cheval ou de courir promptement à pied, mais où un éléphant se serait frayé un passage à grande vitesse. Arrivé là, mon guide s'arrêta subitement, et la face allongée, il m'indiqua de la main la trace énorme et plate laissée par le pied d'un puissant éléphant mâle. En prenant le double de la circonférence du pied de devant on obtient la mesure de la hauteur d'un éléphant ; or l'empreinte marquée par le pied en question indiquait près de douze pieds pour la hauteur de son propriétaire. La piste était toute fraîche, et les petites branches brisées ainsi que les feuilles arrachées autour de nous, ne s'étaient point encore séchées. Toutefois le silence solennel avec lequel se meuvent les éléphants fait qu'il est parfois très-difficile de les suivre à travers les jungles, attendu qu'un pas imprudent en avant pourrait intervertir les rôles et faire du chasseur le chassé, comme aussi quelques changements subits de direction sur un terrain couvert de pistes fraîches suffisent quelquefois à dérouter même des chasseurs expérimentés.

Nous errâmes bien loin parmi les gorges sauvages des Sewalik sans apercevoir l'objet de notre poursuite, tantôt perdant toute indication des *koj*, comme les indigènes appellent les pistes, tantôt arrivant sur des *reposées* fraîches où deux ou trois de ces animaux monstrueux s'étaient roulés ou avaient dormi. Nous venions enfin de nous étendre à terre, épuisés par la chaleur et le manque d'eau, laquelle est très-rare pendant l'été sur les versants septentrionaux de la chaîne des Sewalik, lorsque le silence qui régnait autour de nous fut interrompu tout à coup par le craquement aigu d'une branche cassée. Nous avançâmes doucement et silencieusement dans la direction indiquée par le bruit, et nous tombâmes sur un troupeau de sept gros et de plusieurs petits éléphants occupés à paître. Ils ne nous avaient pas éventés, bien que je n'eusse pris aucune précaution à cet égard, et tout en remuant leurs larges oreilles, ils broutaient les buissons de bambous et les autres arbres autour d'eux. Le brinjara me voyant alors me coucher pour surveiller le troupeau et chercher un porteur d'ivoires, me donna aussitôt de lui-même le conseil de me précipiter en avant et de tuer un d'entre eux, et il se mit en devoir de s'étendre sur la nécessité d'être sans peur et ferme en cette occasion. Je le plaçai à une distance rassurante pour son salut, et après avoir prescrit au petit ghoorka de se tenir à vingt ou trente mètres environ derrière moi avec mon fusil de réserve à deux coups, je commençai à me glisser vers le troupeau avec ma seule carabine ; tout à coup un changement dans la direction du vent fit se dresser en l'air un certain nombre de trompes. La trompe a un curieux petit appendice en forme de doigt, et en une seconde chacun d'eux se trouva tourné vers le buisson derrière lequel j'étais baissé, comme pour indiquer l'endroit d'où ils sentaient venir un danger. Le corps du troupeau commença alors à se retirer lentement, les rencontres fréquentes qu'ils faisaient de bûcherons dans les jungles les ayant rendus moins faciles à effaroucher qu'ils ne l'auraient été autrement. On ne voyait parmi eux aucun porteur d'ivoires,

3.

et si le mâle ne se tenait point à l'écart près de là, le chef du troupeau pouvait être quelque gros muckna ou éléphant mâle sans défenses.

Une énorme femelle était en train de faire sa cueillette parmi les branches d'un buisson de bambous, à une courte distance en face de moi; je me glissai en avant sous le couvert et j'arrivai à quatre pas d'elle avant qu'elle me vît; je visai à la tempe et je fis feu. J'avais résolu de me précipiter en bas de l'escarpement le plus roide que je pourrais trouver si mon coup n'était point mortel, et dès que j'eus tiré, je courus directement vers l'endroit où se trouvait mon chasseur ghoorka, à une trentaine de pas en arrière. Un épouvantable fracas dans les arbres suivit la détonation de mon fusil, et j'aperçus le brinjara qui venait de me donner des conseils si valeureux fuyant à travers le bois avec une frayeur horrible.

Comme je n'étais point poursuivi, je revins aussitôt que le troupeau eut disparu à l'endroit d'où j'avais tiré, et je vis l'éléphant étendu mort. La balle avait percé le crâne, mais elle n'avait fait que toucher la cervelle, bien qu'elle pesât quatre onces, qu'elle fût munie d'une pointe d'acier et que j'eusse chargé avec six drachmes, ou environ quatre charges de carabine ordinaire de poudre. Je trouvai toutefois, dans une occasion ultérieure, que même cette charge n'avait aucun effet si l'on ne choisissait point en visant les parties du crâne les plus minces, et un gigantesque éléphant à défenses sur léquel j'avais tiré à une distance de vingt pas, après avoir paru comme ébloui et comme étourdi pendant quelques secondes, se mit en marche comme s'il ne lui était rien arrivé.

J'eus toutes les peines du monde à faire écorcher mon premier éléphant, mais je ne pus obtenir d'aucun tanneur qu'il essayât de préparer même une partie de la peau à titre d'expérience. Ils me donnèrent comme à l'ordinaire, pour leur raison logique de ne pas tenter ce qu'ils pourraient faire, que leurs « *bap dada* » (pères et grands-pères) n'avaient jamais préparé de peaux d'éléphants. Les défenses ne consistaient qu'en deux mauvais petits chicots décolorés. Après avoir ainsi éprouvé la possibilité de tuer avec une seule balle les éléphants du Doon comme ceux de Ceylan, je fis le vœu de ne plus tirer sur des éléphants mâles ou femelles non porteurs d'ivoires, à moins qu'ils ne fussent khunnees ou meurtriers, comme sont appelés par les indigènes tous ceux qui ont été connus pour tuer des créatures humaines.

Comme le mâle qui conduit le troupeau ne permet guère à aucun rival de rester dans les environs, il existe un certain nombre de célibataires avec ou sans défenses connus sous le nom de solitaires ou de vieux garçons qui sont parfois de fort méchantes bêtes. Ils entrent en fureur dans de certaines saisons quand ils sont « *must*, » comme disent les gens du pays, c'est-à-dire ivres (d'amour, non de vin), et ils tuent quelquefois ceux qu'ils rencontrent ou peuvent atteindre, pendant une semaine ou deux ; ils redeviennent toutefois tranquilles et comparativement inoffensifs, quand ils ont repris leur bon sens.

Il y a un éléphant solitaire qui fréquente le Doon et qui est connu sous le nom de *Gunesh*. Cet animal appartint pendant un temps au commissariat du gouvernement, mais il tua son gardien et se sauva dans les jungles avec un fragment de sa chaîne encore attaché à sa jambe. Les éléphants sauvages conservent leurs défenses en bon état et en polissent les pointes contre des arbres ou des bancs d'argile ; et les savanes fraîches et nombreuses qu'ils habitent empêchent les ivoires de

se fendre comme le font les défenses des éléphants domestiques exposés aux influences de l'air lorsqu'ils
travaillent au soleil. Pour remédier à cet inconvénient,
on leur en coupe toujours environ un pied ou un pied
et demi, et l'on fixe à la partie qui reste un anneau
de cuivre ou de fer. Ces défenses coupées et la courte
chaîne qu'il traîne toujours après lui, font reconnaître
Gunesh à tous ceux qui l'aperçoivent. Il a, dit-on, tué
quinze personnes, pendant un nombre égal d'années, le
long du pied des collines.

Une fois qu'un de mes prédécesseurs dans la surintendance du Doon étant campé à Rajghat près de la
Jumna dans le Doon occidental, son courrier de la
poste (*dawk peon*) fut attaqué, tandis qu'il courait tranquillement le long de la route avec son sac de dépêches,
par un solitaire qui le poursuivit à une distance considérable, et l'écrasa jusqu'à la mort comme de gaieté de
cœur et par pure cruauté. La veuve de cet homme
obtint du gouvernement une pension égale à la moitié
de la paye de son mari, attendu que celui-ci avait été
tué dans l'exercice de ses fonctions. Ce meurtre est un
de ceux attribués à Gunesh. Je n'ai jamais eu occasion
de le rencontrer moi-même, et une troupe de près de

trois cents ghoorkas du Sirmoor qu'on envoya dans les Sewalik pour le tuer après un meurtre qu'il venait de commettre, ne put parvenir à le rencontrer; mais il n'y a rien là qui doive étonner, si l'on considère qu'il a une étendue de plusieurs centaines de milles de forêts et de jungles non interrompus pour promener ses courses errantes au pied de l'Himalaya.

Pendant que j'étais à Mussouree, un éléphant mâle du commissariat qui s'était montré, depuis quelques jours, querelleur et incommode, sans donner toutefois aucune preuve d'un caractère dangereux, fut mené, par son mahout, boire à un cours d'eau qui traverse la ville de Dehra, et auquel nombre d'indigènes viennent remplir leurs cruches. Il se trouva qu'une vieille femme indigène vint près de l'éléphant pendant qu'il buvait et se mit à remplir d'eau sa ghurrah ou jarre de terre, lorsque saisi d'une inexplicable envie de mal faire, l'éléphant passa sa trompe autour de la femme, l'enleva de terre et la plaça sous un de ses pieds avec lequel il l'écrasa tranquillement; puis il se remit à remuer les oreilles et à boire, comme si cette petite bouffonnerie n'avait été qu'un innocent écart d'imagination.

Un de mes expéditionnaires indigènes qui se faisai
une gloire de son talent de rédaction en anglais, m'annonça l'événement et son effet sur l'esprit public dans
la bizarre phraséologie qui suit et qui est, dans une certaine mesure, caractéristique pour les gens de sa classe :

« Honoré monsieur,

« Ce matin, l'éléphant du major R..., par un mouvement soudain
de trompe et de pied tue une vieille femme. Une crainte immédiate
tombe sur les habitants.

« J'ai l'honneur d'être, monsieur,

« Votre très-obéissant serviteur.

« Madar Bux. »

Comme un exemple de la cruauté sauvage des
khunnees ou éléphants solitaires, ainsi qu'on les appelle à Ceylan, mon ami le capitaine R..., surintendant
des forêts, me racontait que lorsque l'on était en train
de faire le canal de Beejapore, à trois milles environ
de Dehra, un énorme éléphant solitaire qui s'était
caché derrière un bouquet de bambous en buissons, se
précipita sur quelques ouvriers indigènes qui remon-
taient le canal. Ils essayèrent d'échapper par la fuite;
mais l'éléphant eut bientôt saisi le dernier et le jeta à
plat ventre en lui donnant un coup de sa trompe dans
le dos; puis il plaça un de ses pieds pesants sur les

jambes du malheureux et lui enroula sa trompe autour de la poitrine sous les aisselles; cela fait, il arracha la partie supérieure du corps à la ceinture et continua sa marche en la balançant dans sa trompe; une suite d'entrailles marquait la course qu'il avait suivie, depuis les membres écrasés à l'endroit où il avait pris l'homme, jusqu'à la tête, aux bras et à la poitrine qu'il avait lancés, sans plus s'en inquiéter, à une vingtaine de pas de là.

Le capitaine R... me disait encore qu'une fois deux des charpentiers employés à abattre des arbres à une *gote* ou station dans les jungles du Chandnee Doon s'étant trouvés malades, restèrent à la hutte au lieu d'aller travailler avec leurs compagnons. Il était aussi resté à la hutte un brahmine employé à faire la cuisine pour les charpentiers. L'un des malades se rendit à une source voisine pour chercher de l'eau, et comme il ne revenait point, l'autre pensa qu'il s'était trouvé mieux et qu'il était parti à l'ouvrage, ce qui fait qu'il alla lui aussi puiser de l'eau; mais il ne revint pas non plus.

Le soir, quand tous les bûcherons furent réunis, ils demandèrent au brahmine ce que leurs amis étaient devenus; il répondit qu'ils l'avaient quitté vers midi

pour aller rejoindre leur troupe; sur quoi quelques-
uns des indigènes, avec l'apathie qui les caractérise,
annoncèrent qu'ils avaient vu un cadavre couché près
du chemin par lequel ils étaient revenus, mais qu'attendu que cela ne les regardait point, ils n'avaient fait
aucune recherche sur les circonstances de sa mort;
ils retournèrent cependant alors sur leurs pas, et parvenus à l'endroit, ils trouvèrent l'histoire du destin
fatal des deux hommes écrite sur le sol et sur les ar-
brisseaux d'alentour.

Un éléphant solitaire s'était évidemment trouvé près
de la source quand le premier homme était venu chercher de l'eau ; la *koj* ou piste de l'homme, et de la bête
avec les détours, et les violents efforts du premier pour
échapper à la poursuite de la seconde était comme
dessinée sur la terre. Les empreintes de l'éléphant effaçant parfois celles de l'homme, indiquaient clairement la position de celui qui poursuivait et celle de
celui qui était poursuivi, jusqu'à l'endroit où l'homme
avait été pris et où son corps avait été étendu. Il
n'y avait point de marque extérieure de blessure, mais
on voyait un peu de poussière sur la poitrine, et lorsqu'on toucha cette place avec la main, on trouva que

les os à l'intérieur étaient complétement broyés; une calme pression du pied de la bête avait éteint la vie de ce malheureux.

Le second arrivé avait été traité de la même manière; son corps se trouva à une petite distance plus loin. Cela peut expliquer la terreur abjecte que produit l'apparition soudaine des éléphants sauvages, et la frayeur en apparence déraisonnable avec laquelle les indigènes s'enfuient de leur voisinage, même lorsqu'ils sont en troupeau et comparativement inoffensifs.

Il y a deux méthodes usitées dans le Doon pour s'emparer des éléphants sauvages, l'une au moyen de piéges ou trappes, l'autre avec l'aide de leurs frères les éléphants domestiques. Pour la première, on choisit un sentier qui a été traversé plusieurs fois pendant l'année par les éléphants, et qui leur sert probablement de route pour aller des jungles à quelque source des montagnes. On creuse en travers du chemin plusieurs fosses d'environ vingt pieds de large, et de quinze à vingt pieds en profondeur, qui sont ensuite recouvertes de branches et de gazon. Ces fosses s'appellent « ogees » dans le langage des indigènes; et le grand nombre qui en a été creusé jadis est attesté par les noms qu'elles ont laissé à une foule de localités dans le Doon, telles que Ogeewallah, Ogee Chokee, etc.

Bien que ces fosses soient admirablement cachées, il n'arrive pas souvent que les éléphants y tombent. Non-seulement ils tâtent avec le plus grand soin, dès qu'il leur paraît suspect, le terrain devant eux avec leurs pieds, mais encore ils font un usage constant de leur trompe pour éprouver la solidité du sol, ou débarrasser leur voie de toute branche ou autres obstacles qui pourraient cacher un piége. Le gouvernement a pris dernièrement entre ses mains la capture des éléphants sauvages, et les employés chargés de ce service ne voient pas d'un bon œil qu'il en soit pris au piége par des particuliers ; toutefois, il n'existe aucune loi qui défende de tuer ou de prendre les éléphants ; et comme ces animaux causent d'énormes dommages aux riz, aux cannes à sucre et aux autres récoltes du Doon, il ne serait pas juste d'empêcher les fermiers de se protéger le mieux possible.

Ce n'est pas chose facile que de retirer l'éléphant d'une fosse lorsqu'il y est tombé, et l'on n'y arrive guère dans les Indes qu'avec l'aide d'un éléphant apprivoisé. Une grosse femelle nommée Ram Kullee, appartenant à Annunt Ram, l'un des mahunts ou grand prêtre des Sikhs à Hurdwar, était célèbre par son habileté à calmer et à dresser ses compagnons nouvellement pris. Elle s'était cachée dans les jungles à deux ou trois reprises différentes, mais elle était revenue ensuite de son plein gré, fatiguée apparemment de la vie des forêts. Le sauvage et l'apprivoisé sont accouplés ensemble, et quelquefois il est nécessaire de placer un éléphant apprivoisé de chaque côté de l'animal sauvage. Si l'on ne peut se procurer de dresseur apprivoisé, il faut réduire par la faim l'éléphant pris nouvellement dans la fosse, et l'avoir dompté dans une certaine mesure avant de l'en faire sortir ; mais comme les mâles adultes sont presque inapprivoisables et que pas un éléphant apprivoisé n'ose les affronter, il est souvent nécessaire de les détruire.

C'est chose merveilleuse de voir à quel point un éléphant sauvage, une fois pris, paraît ignorer complétement la présence de toute créature humaine assise sur le dos ou le cou d'un éléphant apprivoisé près de lui ; les animaux nouvellement pris sont pendant un temps si sauvages qu'ils pourraient tuer quiconque se mettrait à la portée de leur trompe, et qu'ils se précipitent furieusement, aussi loin que le permettent les cordes qui leur attachent la jambe, contre toute personne qui passe devant eux. Mais cette même personne, en montant, comme le font les cornacs, sur le cou d'un éléphant apprivoisé, peut s'approcher impunément du nouveau venu, lui prendre le pied dans un nœud coulant, lui serrer ou lui desserrer autour du cou tout lien qui pourra être nécessaire.

Les nœuds coulants qui sont placés sur les jambes quand l'animal vient d'être pris pour la première fois, s'enfoncent dans la chair, attendu que les jambes enflent souvent, coupent d'un côté jusqu'à l'os et laissent des marques qui durent pendant toute la vie de l'animal. Aucune nourriture n'est donnée pendant plusieurs jours à l'éléphant, et l'indigène choisi pour être son mahout ou son cornac vient alors lui présenter plusieurs aliments et lui desserrer les cordes des jambes. L'épuisement produit par la privation de nourriture et les blessures des jambes réduisent étonnamment le courage de l'animal, et le rendent ce que les indigènes appellent *ghureeb* ou reconnaissant pour les soins de son gardien.

Les conducteurs ou cornacs de l'Inde adoptent tous

le même langage de l'éléphant. Leur vocabulaire ne monte guère qu'à une douzaine de phrases environ, et les animaux en saisissent très-promptement la signifi- cation. J'ai même entendu un vieux mahout soutenir énergiquement que les expressions employées compo- saient l'exact et naturel langage de l'éléphant, et que ceux-ci en avaient d'intuition la connaissance, attendu qu'ils les comprenaient dès qu'ils venaient d'être pris, absolument aussi bien qu'ensuite.

Je joins ici la liste des mots en usage, vu qu'il est souvent avantageux au sportsman, surtout lorsqu'il chasse à l'oiseau dans les hautes herbes, de monter sur le cou de son éléphant et de le conduire lui-même, en ayant un domestique sur la sellette de derrière pour tenir et charger ses fusils.

L'éléphant peut être conduit et dirigé par des signes ou des paroles, généralement par un mélange des deux. Il a un collier en ganse de coton, avec des nœuds par intervalles, qui sert d'étriers; un attouchement du pied derrière l'oreille droite ou l'oreille gauche de l'animal le fait se tourner du côté opposé; il suffit d'appuyer la pointe de l'*ankus* (instrument en fer qui sert à conduire l'éléphant) ou un bâton ordinaire sur le sommet de la tête pour le faire avancer ; en touchant au contraire le front de l'éléphant ou en tirant l'oreille avec le crochet de l'ankus, on l'arrête. Il faut, quand on est à terre, tirer l'oreille avec la main pour faire agenouiller l'animal.

Voici les paroles usitées :

Mail (prononcez *mile*), debout ou en avant ;

Baith, assis ou à genoux ;

Dutt, halte ;

Dutt, dutt, en arrière, enjambe ! Quelquefois *lumba dug*, faire un grand pas pour franchir un fossé ;

Turuth, casse ou abaisse une branche sur le chemin ;

Beree, laisse aller ou cesse de paître (quand on traverse des moissons) ;

Chai, tourne ;

Chai dutt ! tourne en rond ou retourne-toi !

Les éléphants sont souvent très-mal traités par leurs cornacs, qui sont en général des musulmans de la plus basse classe. L'ankus est une lourde barre de fer pointue avec un crochet d'un côté, et quelquefois les cornacs, emportés par la colère, enfoncent ce crochet, d'un coup porté avec les deux mains, jusque dans le tissu cellulaire des os de chaque côté du crâne de l'éléphant. Ces hommes toutefois font souvent preuve d'un courage considérable et de beaucoup d'adresse dans leur service auprès des éléphants dangereux, et ils succombent parfois victimes des périls de leur profession. Un sportsman devrait faire tous ses efforts pour ne point perdre patience vis-à-vis de son mahout; tous les gens de cette classe fument du chanvre, de l'opium et autres narcotiques, et dans l'état d'obscurcissement produit sur leur esprit, ils mettent à une rude épreuve la patience de leur maître. Rien toutefois ne saurait être plus ridicule et plus humiliant que de voir, dans une circonstance difficile, le cornac travailler d'importance la tête de l'éléphant pendant que l'Anglo-Saxon, furieux dans le howdah, en fait autant sur la tête de son mahout, dans l'espérance illusoire de résoudre la question, ce qui n'aboutit qu'à rendre l'éléphant sauvage et le cornac de mauvaise humeur.

CHAPITRE III

LA CHASSE A L'ÉLÉPHANT

(SUITE)

Sagacité de l'éléphant. — Le kheddah du gouvernement. — Chasse
à Boolawalla. — Visite nocturne de soixante-dix éléphants à Su-
brawalla. — Chasse de nuit. — L'éléphant blanc d'Umbavree. —
A la piste d'éléphants sauvages à Motrowalla. — Un mâle à ivoires
tué dans la forêt Horowalla. — Proportion des porteurs de défenses
aux makuas ou éléphants sans défenses. — Les points mortels pour
tirer l'éléphant. — Préjugés anciens et modernes.

Quelques-uns des éléphants de chasse les mieux
dressés montrent une intelligence presque humaine
dans leur prompte appréciation du secours que leurs
maîtres espèrent tirer d'eux. On a souvent décrit la
finesse daliléenne avec laquelle les femelles de leurre
savent choyer et ensorceler quelque Samson fort et
stupide dont les Philistins ont résolu la capture. La

4

femelle de leurre, comme on l'appelle, s'avance par un mouvement tranquille et discret à côté du vieux mâle, et arrivée là, elle le contemple dans une respectueuse admiration pour ses proportions massives et sa terribl face, jusqu'à ce qu'elle s'aperçoive qu'elle a attiré e fixé son attention ; elle lui passe alors doucement sa trompe sur les épaules et sur la tête, et passe peut-être sa... main, non... sa trompe timidement dans la sienne. Le gentleman, clignant des yeux et jouant des oreilles, paraît enchanté d'une compagne qui fait à elle seule tous les frais de la conversation et se prête volontiers à passer d'une caresse à une autre, pendant que son amie lui pose le bout de sa trompe sur les lèvres ou plutôt directement dans la bouche, ce qui est la manière de donner un baiser chez les éléphants avant de commencer à lui lier les jambes. Cette dernière opération prouve de la façon la plus évidente l'étonnante puissance du raisonnement chez ces animaux, car la simple coquetterie et la fascination, se pratiquant dans l'état de nature, ne sont pas si remarquables que leur appréciation des moyens artificiels, des nœuds coulants et des cordes employés par les chasseurs.

Le surintendant des kheddàhs, le lieutenant Howell,

me citait un cas dans lequel une femelle de leurre bien exercée avait appris, non-seulement à faire la figure d'un 8 par les plis répétés de laquelle sont attachées les jambes de l'éléphant sauvage, mais encore à nouer le bout de la corde dans le dernier trou pour l'empêcher de se desserrer. Quant à faire la simple figure d'un 8, j'ai entendu souvent dire que plus d'un éléphant l'avait. appris. Pour ce qui est de se frayer un chemin dans les jungles, en cassant les branches des arbres ou en arrachant les plantes grimpantes qui s'opposeraient au passage du howdah, c'est une pratique très-commune parmi les éléphants de chasse ou de selle, et ce n'est que très-rarement qu'ils se trompent par rapport à la branche particulière qui entrave la marche de la ligne. -J'ai connu un cas où un éléphant, dans une expédition de chasse au tigre, commença tout à coup à trompeter, à jurer, à secouer la tête et à dénoncer énergiquement la présence immédiate du tigre; mais comme personne parmi les chasseurs n'en pouvait voir aucune trace, l'un d'eux dit au mahout de faire en sorte que l'éléphant lui-même leur montrât l'animal, si c'était possible, et l'éléphant, interpellé par un mélange de reproches amers et de flatteries en *hathee bolee* ou argot d'éléphant, saisit et enleva du sol une quantité de broussailles sèches sous lesquelles le tigre se tenait caché comme un chat.

Il y a dans presque tous les lits de torrents à travers les ravins et les jungles, au pied des collines, des sables mouvants composés de sable et de boue, appelés *fussum* par les indigènes, et dans lesquels, une fois enfoncé, un éléphant ne se tire d'affaire qu'avec les difficultés les plus grandes. Dans l'état sauvage, les éléphants évitent toujours les lits de *fussum*; mais comme il est nécessaire, dans les battues d'une chasse au tigre, de se maintenir exactement en ligne, il arrive quelquefois que l'alarme est donnée par un éléphant embourbé. Tout le monde s'empresse immédiatement de lui venir en aide si l'animal est trop engagé pour se sortir par ses propres efforts, en débarrassant le howdah de tout ce qu'il contient et en l'enlevant de dessus son dos pendant que d'autres commencent à couper des branches aux arbres des jungles avec des hachettes placées en général dans chaque howdah pour ce besoin. Il suffit de tendre ces branches à l'éléphant, qui en devine l'emploi, et se hâte de lever une jambe le plus haut possible pour glisser dessous une forte branche, et de mouvoir dans toutes les directions sa trompe avec une rapidité fiévreuse pour saisir les supports aussi vite qu'ils peuvent lui être présentés. Il se fait bien vite une chaussée pour revenir au bord si le bois abonde; mais lorsqu'on ne trouve aux environs que les herbes des jungles, il s'enfonce graduellement en faisant de temps en temps des efforts désespérés pour échapper à la mort, pendant que la boue perfide l'engloutit. La dernière chose que l'on voit de lui est le bout de sa trompe, qu'il tient levée avec son curieux petit appendice en forme de doigt, pour aspirer l'air jusqu'au moment où elle disparaît aussi dans le gouffre. Et le corps restera ainsi peut-être embourbé jusqu'à ce que son lit de sable se change en pierre, et que dans les âges futurs l'éléphant victime d'une mort prématurée obtienne la renommée et l'immortalité, à titre d'échantillon merveilleusement complet des races fossiles disparues.

Pendant que j'étais surintendant de la vallée du Dehra Doon, le gouvernement fit pour la première fois un essai pour prendre au piège des éléphants sauvages. Un jeune officier du 2e Européens, nommé Howell, fut chargé d'organiser les dispositions nécessaires, et j'eus ainsi l'occasion de voir chasser sur une échelle beaucoup plus grande qu'on ne le pratique en aucune autre partie du monde.

On appelle kheddah l'enceinte de poutres grossièrement taillées dans laquelle on prend quelquefois au piége les éléphants; mais le nom s'applique ici à l'équipage des chasses, qui se compose de dix ou douze éléphants de différentes grosseurs, d'un nombre égal de phunnetts ou porteurs de cordes chargés de lancer les nœuds coulants, de cornacs et de faucheurs pour le fourrage, comme aussi d'une troupe d'indigènes armés de fusils à mèche. Les éléphants du kheddah ont chacun une petite sellette comme une selle de course, attachée solidement sur le dos; la corde est passée deux fois autour du corps et une fois autour du cou, et elle se termine en un large nœud coulant. Le phunnett, pendant une chasse, est assis sur la petite selle, tenant en main le nœud coulant et conduisant l'éléphant avec ses pieds. Un faucheur est aussi ur l'animal, cramponné à une bride qui descend de la selle sur la queue, et lorsqu'il en reçoit l'ordre, il le pousse à toute vitesse en lui martelant l'arrière-train avec un maillet de bois muni en saillie de quelques clous en fer émoussés.

Le camp du conducteur des chasses est continuellement en mouvement, attendu que la sagacité des éléphants sauvages leur apprend bientôt à craindre son voisinage. Tout brinjara ou bûcheron qui apporte au camp la nouvelle de l'existence d'un troupeau et conduit l'officier de service à portée de la vue des animaux, a droit à une récompense de cinquante roupies. Une fois, le camp était assis au sud de la passe de Boolawalla, quand un vieux brinjara, nommé Ruttun Sing, vint annoncer qu'une troupe très-considérable d'éléphants était en train de paître dans un amphithéâtre des Sewalik, à quelques milles de là. En un clin d'œil tout le camp parut comme bouleversé; on selle et l'on monte les éléphants, les porteurs de fusils prennent leurs armes et allument la mèche, des hommes sont envoyés en avant pour garder les défilés du cercle de collines escarpées dans lequel les éléphants devront être enfermés. Il est naturellement défendu, en pareil cas, de tirer avec des cartouches à balle; la foule employée en ces chasses fait toujours fuir au loin les mâles dangereux, tandis que l'on poursuit et l'on tâche de prendre les femelles ou les jeunes éléphants.

En arrivant à l'endroit indiqué par Ruttun Sing, on aperçut un troupeau d'une centaine d'éléphants de différentes grosseurs, entourés de toutes parts d'escarpements et de jungles. Les divers passages où les torrents entraient dans l'amphithéâtre, et les endroits où les pentes allaient en s'affaiblissant, furent occupés par les hommes porteurs de fusils, et les éléphants de chasse , au nombre de neuf, entrèrent dans l'espace en plaine. Il paraissait n'y avoir que deux mâles pourvus de défenses avec le troupeau, et ne sachant pas quelle pourrait être leur conduite, Howell donna l'ordre que le plus gros des éléphants domestiques, porteur d'ivoires, et nommé Cham (nom emprunté par les écrivains musulmans et accordé à l'éléphant par son cornac), se dirigeât en avant près du troupeau. Le plus petit des deux mâles, qui se trouvait être le plus près de M. Cham, accourut immédiatement à la charge et le frappa en plein flanc ; le choc suffit pour lui faire aussitôt quitter la place dans une consternation profonde, et pour ébranler vivement son système nerveux pendant plusieurs mois à la suite de cet accident. Le troupeau commença sérieusement à prendre l'alarme ; les éléphants essayèrent de s'échapper par les défilés naturels, mais ils étaient ramenés par les décharges des fusils tirant à poudre ; c'est alors que saisissant l'occasion favorable, les phunnets se précipitèrent en avant et parvinrent à saisir dans leurs nœuds coulants, et à entraîner vers des arbres convenables pour les attacher, quatre femelles et quatre *buchas* ou jeunes éléphants, avant que le troupeau fût parvenu à se frayer un passage hors du cercle fatal.

Lorsqu'on s'approche d'un troupeau dans les jungles en plaine, sans être favorisé d'un lit de torrent se terminant en cul-de-sac, dès que l'on voit les animaux les plus vieux et les plus prudents battre en retraite, on lâche la meute des éléphants domestiques, et le galop le plus vif commence à travers champs, course folle dans laquelle il faut aux conducteurs une dextérité et une agilité extrêmes pour les empêcher d'être enlevés ou assommés par les branches des arbres. Le troupeau sauvage commence bientôt à s'allonger en forme de queue, les animaux les plus faibles tombent en arrière, et comme le phunnett qui le premier arrête un éléphant de la hauteur réglementaire pour le commissariat (huit pieds) reçoit cinquante roupies en récompense, il en résulte une vive émulation entre les phunnetts hindous et musulmans, et tous font de leur mieux à l'envi les uns des autres.

Aussitôt qu'un phunnett a pris dans son nœud coulant un éléphant sauvage, il crie de toutes ses forces « *muddud ! muddud !* » (au secours ! au secours !). S'il lui arrive de fixer son nœud sur le penchant d'une colline, l'animal sauvage, qu'il soit saisi par le pied ou par le cou, entraîne toujours l'éléphant domestique avec une vitesse dangereuse, car il se précipite en bas de la pente en fracassant tout sur son passage à travers les buissons et les arbres. Il est du devoir de tout phunnett à portée de la voix d'accourir aussitôt au secours d'un camarade qui vient d'arrêter son nœud, et dès que deux ou trois liens de plus ont été fixés, l'animal sauvage, ancré à un nombre égal de puissants éléphants, ses frères apprivoisés, se trouve réduit à l'impuissance.

Dans la mêlée qui suivit la course après les éléphants, un des tirailleurs fut renversé et tué sur place, et le vieux Ruttun Sing fut enlevé de l'éléphant sur lequel il était assis. Une chute violente sur la terre d'une hauteur de dix à onze pieds est plus que suffisante pour troubler les idées ; il avait, dans sa frayeur de se voir, à ce qu'il croyait, emporté par son éléphant, commencé à crier vigoureusement « *dutt ! dutt !* » terme qu'il savait employé dans le jargon de l'éléphant pour signifier « arrête! » Lorsqu'on le trouva sur le terrain, il était assis et répétait solennellement « *dutt ! dutt !* » longtemps encore après qu'il eut été relevé et placé en sûreté sur un autre éléphant, il continua le même refrain qui fut, à partir de ce jour, ajouté comme un titre additionnel à son nom.

Les *buchas* ou petits éléphants à la mamelle, de quatre ou cinq pieds de haut, sont de risibles petits monstres. Ils deviennent importuns à force de familiarité après deux jours à peine d'initiation aux manières de la vie civilisée. Un étranger qui arriverait au camp d'Howell et se rendrait, dans toute la simplicité de son cœur, au quartier où les éléphants se trouveraient à leurs piquets, serait immédiatement soumis à l'examen indiscret de ces curieuses petites bêtes. L'une d'elles peut-être lui enlèverait son chapeau en manière de jeu comme pour examiner sa tête au point de vue de la phrénologie; une autre, gaiement familière, l'obligerait à se tenir debout sur un seul pied, en enroulant sa trompe autour de l'autre jambe. J'ai vu l'un de ces jeunes animaux étonner au plus haut point un gentleman par son adresse à lui fouiller dans sa poche avec le bout de sa trompe, et par la rapidité ci la facilité avec lesquelles illui déboutonnait ses habits.

Les éléphants sauvages possèdent d'une façon merveilleuse la faculté de se rappeler exactement la saison pendant laquelle le fourrage des plantes qu'ils préfèrent est bon à manger dans les différents cantons. A droite de la route, entre Dooeewalla et Kansvao, à la jonction des rivières Song et Sooswa, s'étend un vaste champ de roseaux ou herbe au tigre qu'on appelle « *nul,* » et « *murkut* » en hindoustani. Il paraît que les éléphants ont déclaré, dans leur almanach mental, que ces plantes atteignaient le degré de maturité le plus agréable à leur palais vers le 12 ou le 13 février ; et chaque année, en conséquence, vers la même date, ils viennent au rendez-vous et se tiennent cachés dans les collines Sewalik, juste au sud de ce champ, pendant le jour, pour visiter ensuite à leur aise la plantation chaque nuit. J'étais une fois campé non loin de ces jungles de *nul,* sur le bord de la Sooswa, couvert près de cet endroit d'un lit épais de cresson de fontaine, avec mon ami le major Ramsay des Kumaonees. Nous avions dans le camp plusieurs éléphants qui, vers minuit, se montrèrent inquiets et turbulents et commencèrent par pousser les notes aiguës de ce cri si souvent appelé mal à propos *trompette* par les Anglo-Indiens, attendu que la seule trompette qu'il rappelle est l'instrument d'un sou qu'on se dispute à la foire au jeu très-aristocratique de «la tante Sarah» (*Aunt Sally*). Bientôt ils firent entendre le *bôl* ou mugissement retentissant par lequel les éléphants sauvages ébranlent souvent l'étendue des jungles, et presque aussitôt après, il leur fut répondu d'abord d'un point, puis d'un autre, dans l'espace, jusqu'à ce que la nuit parût peupéle de leurs voix.

Chacun fut bientôt éveillé dans le camp; les indigènes, se parlant à voix basse, se hâtèrent d'ajouter des cordes et des chaînes aux pieds de nos éléphants, de peur qu'ils ne prissent la fuite. Il y avait quelque danger à les attacher ainsi, car s'ils eussent été attaqués par les éléphants sauvages, ils auraient été naturellement dans l'impossibilité de leur échapper; mais si d'autre part ils avaient été détachés, il est probable que les mâles auraient été tués et les femelles emmenées avec le troupeau. Chacun des éléphants apprivoisés qui aurait été perdu ou blessé nous aurait coûté huit cents roupies (2,000 francs).

5

Comme nous essayions de regarder à travers les ténèbres, nous reconnûmes soudain la présence d'un
grand pionnier porteur de défenses près de nos éléphants; puis des masses mouvantes dans le voisinage
qui semblaient s'élever et s'abaisser. Parfois un large
corps opaque que nous avions pris pour un arbre en
buisson, et négligé comme tel, s'évanouissait dans l'espace en un silence solennel pendant que les contours
obscurs de dos voûtés et de trompes passaient devant
nos yeux ainsi que les fantômes d'un rêve qui se perdent dans la nuit. Tout à coup le corps principal du
troupeau dans les jungles de *nul* sembla prendre
alarme, et nous entendîmes un long clapotement pendant que les éléphants se dirigeaient de notre côté à
travers les flots de la Sooswa. Il y avait une brèche à
la rive près de nos tentes, qui se trouvaient à une centaine de mètres de la rivière, et comme les éléphants
conducteurs choisirent cette route, nous vîmes bientôt
la sombre colonne tout entière glisser à côté de nous
dans une lumière bleuâtre, aussi régulièrement que
les images dans la coulisse d'une lanterne magique.
Ils étaient bien, je crois, autant que j'ai pu le deviner,
au moins soixante-dix dans le troupeau, et je remarquai

çà et là la lueur pâle de l'ivoire, ce qui me fit regretter vivement de n'avoir pas là une arme, telle par exemple que celle que j'ai depuis obtenue de Witton et Daw, sur le principe du général Jacob, dont les balles explosibles m'auraient assuré une couple au moins d'éléphants.

Dans la situation où j'étais, au point de vue de mon armement, tirer n'eût été qu'une cruauté inutile, attendu qu'avec une telle clarté je n'aurais pu que les blesser, et je les aurais peut-être provoqués à tirer une vengeance sommaire de cette attaque.

Les éléphants avaient effarouché au loin tous les autres animaux du voisinage, et quelques minutes après leur départ, tout le camp, au milieu d'un silence inusité, dormait d'un profond sommeil.

J'essayai peu de temps après, au même endroit, d'attirer des éléphants près du camp pendant la nuit en faisant mugir une de mes *hutnees* (éléphants femelles), et je réussis complétement à cet égard. J'avais pris position sous un arbre avec une paire de fusils fortement chargés pour attendre leur approche ; mais lorsqu'ils n'étaient plus qu'à une centaine de mètres de moi, un animal de *tattoo* (poney de transport) qui était attaché à un piquet où il avait été oublié près de leur ligne d'approche, se mit à hennir et à frapper du pied. Sa couverture noire, qui lui était nouée autour du cou, se mit à flotter comme un manteau de sorcière, et deux éléphants, qui sans doute n'avaient jamais vu un spectre pareil jusqu'alors, s'enfuirent par un autre chemin en ronflant de terreur.

Le tir des éléphants pendant la nuit ne saurait, toutefois, être qu'un exercice dangereux et peu satisfaisant; malgré l'emploi des facilités pour viser que j'ai détaillées au chapitre V, il est presque impossible de les tuer d'une balle dans la tête, attendu qu'il est à peu près impossible aussi de saisir en les couchant en joue la direction de la cervelle ; et bien qu'en employant des balles explosibles et en logeant le projectile dans la poitrine, on puisse être certain de frapper à mort l'animal et de le retrouver probablement ensuite en le cherchant dans la forêt, cependant les chances en grand nombre sont contre le chasseur pour qu'il perde la vie s'il vient à être chargé par l'animal. L'éléphant voit aussi bien la nuit que le jour, tandis que le chasseur se trouve comparativement aveugle dans les ténèbres, et s'il tire sur le troupeau sans jeter bas un éléphant, il court le risque de les chasser absolument du canton et de perdre ainsi l'occasion d'un combat à chances égales à la clarté du jour.

J'ai passsé, ou plutôt j'ai perdu bien du temps à guetter, de nuit, un éléphant qui est encore dans le Doon, et qui s'appelle le Bouré Hathee ou l'éléphant couleur de cendre, et quoique je ne l'aie jamais rencontré, j'en ai tiré plusieurs autres, mais sans succès. J'avais lu un livre d'Herman Melville, intitulé la *Baleine blanche*, et j'avais, par une conséquence naturelle de cette lecture, rêvé d'un combat quelque peu semblable contre un éléphant blanc, combat dans lequel, comme de raison, la carabine rate toujours au moment le plus critique. Je fus assez étonné d'entendre peu de temps après quelques-uns des zemindars faire un long récit à propos d'un éléphant blanc. L'éléphant blanc du Doon n'est pas, toutefois, naturellement de cette couleur, je crois, comme celui qui est adoré dans l'empire Birman, trésor le plus superbe de Sa Hautesse noire « le maître du pied d'or. » Quiconque a vu un ou deux éléphants domestiques peut avoir remarqué les pustules blanches en manière de lèpre qui leur viennent à la trompe et sur la face ; et d'après tout ce que j'ai pu apprendre sur ce point, j'imagine que ces taches confluentes sur tout le corps du Bouré Hathee, lui donnent cet aspect blanchâtre par lequel il est connu. On dit qu'il a de splendides ivoires, et j'espère que quelques-uns de mes lecteurs pourront encore arriver dans le Doon et décider la question controversée de sa couleur en s'emparant de ce glorieux butin.

Comme mes visites dans le voisinage du Doon, après ma promotion, dépendaient de l'état de ma santé, et comme le congé de convalescence ne peut, sauf de rares exceptions, s'obtenir que pendant la saison où les plaines deviennent malsaines sous l'influence de la chaleur et des pluies, je ne pouvais choisir mon temps pour chasser l'éléphant. J'avais cependant reçu d'Angleterre une carabine à deux coups faite sur commande par C. P. Swinburn et fils, à trois rainures, du calibre de seize, longue de trente-six pouces et pesant dix-neuf livres. Ce poids, qui était excessif relativement au calibre de la balle, me permettait d'employer de très-fortes charges de poudre, et je pouvais tirer avec huit drachmes sans recul incommode. Vers la fin de la saison des pluies de 1856, c'est-à-dire pendant le mois d'octobre, me trouvant à Mussouree, je résolus d'essayer ce qu'on pouvait faire dans le Doon quand le riz mû-

rissait. Le premier rapport qui me parvint après avoir
envoyé mes gens à la découverte, fut d'un gros éléphant mâle qui visitait, disait-on, les champs de riz
de Motrowalla pendant la nuit; Motrowalla n'est qu'à
trois milles au sud-est de Dehra. Je pris avec moi ma
petite tente de montagne, une lourde carabine et un
panier contenant tout l'attirail nécessaire pour le thé.
Je passai ma nuit à dormir sous un arbre près de l'endroit visité habituellement par l'éléphant sans avoir
aucunement l'intention de le tirer de nuit, car ce procédé, qui paraît réussir parfaitement en Afrique, ne
vaut rien dans le Doon, mais bien en vue de le suivre
promptement à la trace le lendemain matin. Au point
du jour, les indigènes qui étaient restés à veiller vinrent m'annoncer que l'éléphant avait fait sa visite ordinaire; aussi, après avoir avalé quelques tasses de
thé très-fort pour supporter la fatigue d'une longue
journée de chasse, je partis avec deux chasseurs du
pays en quête de la piste, qui se dirigeait, comme nous
l'avions pensé, droit vers les Sewaliks.

Rien de plus simple que de suivre un éléphant à la
trace peu de temps après les pluies dans le Doon; les
vieux sentiers battus étant recouverts par le gazon et

les jungles, chaque pas que fait l'animal laisse comme l'histoire, lisible pour tous, du moment où il a passé et de la vitesse de son allure. La fraîcheur ou la sécheresse des branches et des feuilles brisées par sa trompe ou par l'accident de son passage, la rosée enlevée du gazon dans des endroits situés à l'ombre, la quantité d'eau en filtration dans les empreintes laissées par lui sur un terrain marécageux, l'angle suivant lequel ses pieds se sont enfoncés dans la boue, indépendamment de différentes épreuves par les traces de toute nature, tout rend témoignage de ses mouvements; et un sportsman anglais apprend, dans un espace de temps prodigieusement court, à distancer tous les indigènes dans l'art de suivre la piste [1]. L'empreinte du pied de devant est beaucoup plus large et diffère complétement de forme avec celle du pied de derrière, et c'est un fait remarquable que le double de la circonférence du pied de devant donne presque la hauteur exacte d'un éléphant; ainsi une empreinte de vingt-quatre pouces environ en travers mesure six pieds de tour, et donne

1. Nous sommes loin de partager cette opinion, les naturels sont trop bien doués pour que les hommes du Nord puissent les égaler sur ce point.

une hauteur de douze pieds pour le propriétaire du pied. On peut prendre ce chiffre pour la hauteur extrême à laquelle parviennent les éléphants mâles de l'Asie ; la moyenne pour les femelles est de neuf à dix pieds. Nous suivîmes cet éléphant de Motrowalla pendant dix ou douze milles, et nous nous trouvâmes enfin face à face avec un éléphant mâle certainement magnifique, mais privé de défenses ; c'est pourquoi, conformément à ma détermination antérieure, je ne l'attaquai point, et comme il chargeait à travers les jungles à angle droit sur nous, je revins en toute hâte au camp et fis partir mes bagages pour un point situé sur la rivière Tonse et appelé Punditwarree, à quatre milles environ au nord-ouest de Dehra, d'où j'avais reçu un nouveau rapport.

Les fermiers du village de Punditwarree se plaignaient de ce qu'un troupeau de cinq ou six éléphants visitait leurs champs de riz presque chaque nuit, et de ce que chaque visite leur coûtait cinquante roupies de riz mangé ou détruit. Ils étaient, par suite, très-désireux que j'attaquasse le troupeau dès qu'il serait arrivé, et cinq fois pendant la nuit, on vint me prévenir que des éléphants ravageaient les champs voisins. Mais bien que je partisse chaque fois avec l'espoir de trouver une occasion favorable pour en tuer un, je ne tirai qu'un seul coup, et quoique j'eusse touché l'animal, il ne tomba point sous ma balle.

Les indigènes ont des cages en charpente ou en bambous, perchées sur des poteaux ou sur des arbres, en manière de tours d'observation et appelées *machâns*, sur lesquelles ils veillent à leurs moissons pendant la nuit; elles sont placées à une hauteur qui les protége contre les animaux sauvages, et si des éléphants sont dans le voisinage, on choisit pour installer ces cages les arbres les plus forts. Lorsque les veilleurs se transportent d'un champ à un autre ou d'un machân à un autre machân, ils portent une torche gigantesque composée de tiges du bâjara ou moisson de jowar, dont le feu couve et se conserve allumé longtemps et qui éclate en flammes quand on la fait tourner rapidement autour de sa tête. Cela suffit généralement pour effaroucher tout animal sauvage; mais j'ai vu un éléphant de chasse bien dressé charger deux ou trois fois à travers un véritable rideau de feu produit par l'incendie des herbes des jungles.

Le lendemain matin, de bonne heure, je partis pour chercher la piste, et je résolus, pour m'éviter autant

que possible la fatigue, de suivre les traces sur un éléphant femelle pourvu d'une selle, dont je ne descen-
drais que lorsque je serais en vue des éléphants sauvages ; nous trouvâmes le troupeau à environ trois milles
à l'ouest de la Tonse, dans la forêt de Dholekote. Arrivé là, j'essayai quatre fois de m'approcher à pied du
vieux père de famille, orné de respectables ivoires ; mais
lui et les siens paraissaient prendre alarme dès que je
descendais de ma monture, tandis qu'ils semblaient con-
templer sans crainte notre éléphant apprivoisé, qui devait, à leur avis, avoir sur son dos des excroissances
peu convenables. Il n'y avait évidemment aucune brise
dans l'air, et dans tous les cas nous étions sous le vent.
Je résolus donc, en dépit des nombreuses remontrances
du cornac, qui doutait que ma carabine pût arrêter court
un éléphant dans sa charge, d'aller droit au vieux mâle
et de le tirer du haut de mon éléphant. J'avais une carabine de tir américaine, portant soixante-quinze à la
livre, dont je désirais très-vivement éprouver la force,
et je tirai avec cette arme l'animal à la tempe, à une
distance de quarante pas. A cette portée, je pouvais facilement briser le pied d'un verre, et dès lors, j'étais
parfaitement sûr d'avoir frappé l'endroit visé ; mais le

calibre se trouva insuffisant, et le patriarche s'en fut au pas de course, suivi de quatre balles de ma batterie que je lui tirai assez follement dans le vain espoir de l'arrêter dans sa fuite. Nous recommençâmes alors à suivre la piste, aidés çà et là par des gouttes de sang. Après une poursuite de cinq milles, nous nous aperçûmes que nous avions changé de voie, après avoir perdu l'éléphant blessé, et puis celle d'un éléphant qui s'écartait absolument de la direction suivie par le troupeau; que nous suivions en fait les empreintes fraîches d'un vieux solitaire mâle dont nous venions de troubler les méditations, à dix milles environ de l'endroit où mon premier coup de feu avait été tiré. Nous étions maintenant dans la forêt d'Horawalla, où l'on est toujours sûr de trouver des éléphants à l'époque où le riz mûrit. J'essayai, cette fois, ma lourde carabine en tirant du haut de mon éléphant de selle à quinze pas environ; ma visée ne fut point parfaitement sûre, le vieux mâle, touché, trébucha et tomba sur ses genoux ou plutôt sur ses coudes; mais comme il beuglait furieusement, il était clair que la cervelle n'avait pas été pénétrée. Je me laissai, en conséquence, glisser en bas de ma monture, et tirant l'autre balle droit au front du solitaire, à trois pas de distance, je le tuai instantanément, puis, gravissant son cadavre énorme, je m'assis en triomphe sur mon ennemi mort. J'ai eu plaisir à voir dans l'ouvrage d'Anderson sur l'Afrique du Sud qu'il fit précisément la même chose, lorsqu'il eut tué son premier éléphant porteur d'ivoires.

J'avais promis à un ami, à Dehra, que si je réussissais dans ma chasse, je lui enverrais un pied pour qu'il pût essayer de faire une étuvée à la façon de Gordon Cumming. Je coupai d'abord la langue avec un couteau de poche, et je tentai ensuite, avec les mains couvertes de sang, de détacher le pied en me servant du kookery, ou coutelas recourbé, employé par les gens du Népaul à la guerre; mais il était si émoussé qu'il ne pouvait pas même pénétrer la peau. J'essayai alors, en joignant mes deux mains autour du manche et en pesant de tout mon corps sur l'instrument, d'enfoncer la pointe de la lame dans le cou-de-pied, mais le sang fit glisser mes mains, qui descendirent étroitement serrées le long de la lame; ce fut un bonheur pour moi qu'elle se trouvât si émoussée, car je n'aurais plus eu désormais d'autres chasses à raconter. En cette affaire, l'os du petit doigt sauva le reste de la main; mais les muscles et les nerfs ayant été coupés, ne m'ont laissé l'usage que de trois doigts à cette main. J'eus beaucoup de peine à faire apporter à Dehra, le lendemain, la tête de mon éléphant, et je l'enterrai pendant une couple de semaines, pour que les muscles, etc., qui maintiennent et fixent les défenses pussent se décomposer et permettre l'extraction facile de l'ivoire. Il faut placer la tête à une profondeur telle que, tout en étant couverte complétement par la terre, elle laisse les défenses en dehors, protégées naturellement par l'ombre d'un arbre ou par un paillasson, pour empêcher l'action funeste du soleil. Lorsqu'elles commencent à branler, il convient de faire bonne garde; car elles sont susceptibles de devenir la propriété de quelque gentleman indigène, d'une moralité relâchée, ou comme les gens du pays appellent ces personnages en jargon anglo-indien, d'un « *loose wallah.* »

L'espèce asiatique n'a que de légères défenses, comparativement à celles qui sont importées d'Afrique; ce mâle que je venais d'abattre, bien que parvenu à toute sa grosseur, avait des ivoires de moins de quatre pieds de long et ne pesant que trente-deux livres à peine; mais j'ai connu des cas où elles atteignaient une longneur de six pieds et un poids de près de cent livres.

J'ai entendu dire qu'une fois on avait vu réunis jusqu'à vingt-cinq ou trente mâles pourvus de défenses, dans un des sôts (gorges profondes ou ravins) situés au sud des Sewalik ; mais ce n'est là qu'une circonstance tout à fait exceptionnelle, attendu qu'il est très-rare qu'on en puisse rencontrer plus de deux ou trois dans un jour de marche. Aucune des femelles n'a rien qui mérite le nom de défenses, et un grand nombre de mâles, peut-être un quart environ, sont ce qu'on appelle *mucknas*.

Il y a un spécimen du crâne de l'éléphant africain maintenant au *South Kensington Museum*, et l'on peut en voir plusieurs des éléphants asiatiques au *College of Surgeons*.

Si le sportsman s'est muni de la carabine que je lui ai recommandée dans mon chapitre Ier [1], il sera maître de la cervelle de l'animal toutes les fois qu'il en pourra voir la tête. Tout ce qu'il y a de nécessaire seulement, c'est de se rappeler la position exacte de la cervelle à la jonction du crâne et de la moelle épinière, et d'y

---

1. On trouve aussi à Paris, chez *Devisme,* de bonnes carabines à *l'éléphant* et des balles explosives.

viser directement sans se préoccuper des os intermé-
diaires.

Toutefois, lorsque le chasseur aura le temps de choisir le point à viser, ou de changer de position, la meilleure méthode consiste à prendre pour but la tempe
droite ou gauche. On y peut presque toujours parvenir
en faisant un pas ou deux à droite ou à gauche, même
quand l'animal s'approche directement en face du chasseur. Une ligne imaginaire, de l'ouverture de l'oreille
à l'œil et divisée en deux parties égales, donne exactement la direction à suivre pour atteindre la cervelle.
C'est là le seul coup par lequel le sportsman peut bien
espérer sauver sa vie, si l'éléphant qui le charge couvre
et protége sa cervelle en tenant sa trompe repliée en
l'air. Si pourtant, avec l'éléphant d'Asie, l'occasion se
présente de tirer en plein front, il importera de viser
assez juste pour éviter la masse charnue de la trompe
à sa base; l'os frontal est épais mais cellulaire ou spon-
gieux, et la balle n'y rencontre aucun de ces os des pa-
rois latérales qui seraient si susceptibles de la faire dé-
vier, même quand elle aurait traversé tous les muscles
à la base de la trompe.

Sur une plaque au-dessous du crâne de l'éléphant

d'Afrique, au *Kensington Museum*, il est écrit que le coup à tirer lorsqu'on est en face de l'éléphant doit frapper au point B, dans la figure 5, et non au point A. Quand le front est très-fuyant ou en forme de hure, il pourrait devenir naturellement impossible d'atteindre la cervelle en visant le front; mais, dans de telles circonstances, je préférerais tirer à droite ou à gauche obliquement.

L'examen d'un crâne quelconque expliquera pourquoi M. Baker, à Ceylan, a toujours trouvé que le coup de droite ou de gauche, en arrière, lui a été si favorable.

Quant à viser l'os de la jambe de devant, je crois que dans presque toutes les circonstances, c'est beaucoup trop s'en remettre au hasard, et certainement je n'aimerais pas tenter moi-même cette chance.

L'un des grands avantages que l'on trouve à porter une carabine de Jacob, c'est que, si l'on est muni de balles explosives convenables, en tirant par derrière l'épaule, le cœur d'un éléphant, même quand la direction est mauvaise, on est presque aussi sûr de tuer l'animal que si l'on employait une flèche empoisonnée [1].

____

1. Avec cette différence que la flèche ne fera mourir l'animal que

De petits animaux sont abattus par ces projectiles aussi vite et aussi complétement que s'ils étaient frappés de la foudre, et une balle disposée pour le tir à l'éléphant, c'est-à-dire dans laquelle l'épaisseur du cuivre est réglée de telle sorte qu'on obtienne une pénétration considérable avant l'explosion, peut être aussi foudroyante qu'un coup de tonnerre.

Le capitaine Harris, dans une note au bas d'une page de son ouvrage sur « *le gibier et les animaux sauvages du sud de l'Afrique* » et sir Emerson Tennant, dans son « *Ceylan*[1], » citent le renseignement suivant, merveilleusement primitif quant aux idées de nos ancêtres sur les us et coutumes des éléphants et de leur chasse. D'après les « *Erreurs vulgaires*[2] » de sir Browne : — « Il dort contre un arbre, et les chasseurs, ayant remarqué ce fait, scient l'arbre presque en entier, si bien que l'animal comptant sur cet appui, quand l'arbre tombe, tombe aussi lui-même et ne peut plus se relever. »

Cet ancien éléphant devait passer sa vie dans un état honteux d'ivresse, et ne méritait guère d'être décrit au-

longtemps après le coup, tandis que la balle explosive le tuera instantanément.

1. Vol. II, p. 292.
2. Livre I, chap. I.

trement que par ces deux mots : « *ivrogne* et *stupide*. »
Pour moi, qui connais par expérience la force d'une
tête d'éléphant, je ne saurais en vérité attribuer l'état
chronique de l'individu immortalisé par sir T. Browne
à une liqueur plus faible que le whisky toddy.

Quelque bizarre et ridicule que puisse paraître l'erreur signalée par sir T. Browne, j'ai entendu, pour ma
part, citer des fictions modernes presque aussi erronées.
J'ai encore présent le souvenir d'avoir lu, pendant que
j'étais écolier, que les tortues couchées sur le dos, quand
on les prend sur le sable ou partout ailleurs hors de
l'eau, peuvent être laissées ainsi pendant tout le temps
que le désire celui qui les a prises, attendu qu'elles
sont incapables de se retourner par elles-mêmes. Je
fus assez surpris, lorsque je mis ce conseil en pratique, de trouver que les tortues laissées à elles-mêmes
se retournaient invariablement sur leurs pattes et se
sauvaient au plus vite. Une tortue, mise sur son dos,
après un ou deux moments de repos, se soulève un peu
avec une patte, avance sa tête jusqu'à ce que la partie
inférieure touche la terre, puis allonge son cou, dont
elle paraît avoir une provision illimitée, jusqu'à ce
qu'elle se retrouve dans sa position normale. Une autre

croyance populaire, que j'ai souvent entendu citer, c'est que l'espace compris entre les points extrêmes des moustaches de tout individu de l'espèce féline donne la mesure exacte de sa plus grande largeur, et que le porteur desdites moustaches en fait usage en conséquence quand il désire se glisser sans bruit à travers les jungles vers sa proie. Cette croyance ne mérite aucune foi. La nature a merveilleusement conformé toutes les créatures pour leurs habitudes et leurs habitations particulières ; on ne saurait découvrir un seul être qui, dans les circonstances propres à la position dans laquelle il a été placé par la Providence, se trouve organisé d'une façon défectueuse ou insuffisante. Qu'un arbre se brise sous le poids d'un éléphant, qu'une tortue roule d'une hauteur et tombe sur son dos, ce sont là des conjonctures vraisemblables et possibles sans que l'homme intervienne par ses artifices ; mais un éléphant dans un piége ou dans une fosse, une tortue sur le pont lisse et dur d'un navire, ne constituent pas, il faut se le rappeler, des cas naturels.

CHAPITRE IV

LA CHASSE AU TIGRE

La plainte nocturne du tigre. — Chasse et mort du tigre de Subra-
walla. — Un faux raisonnement de certains Chinois. — Force du
tigre. — Un tigre combat et meurt dans la foire d'Hurdwar. — La
meilleure arme pour rencontrer le tigre à pied. — Prenez garde
aux griffes et aux moustaches.

Assis au feu du bivouac ou couché tout éveillé la
nuit dans les forêts du Doon, j'ai quelquefois entendu
un gémissement profond et prolongé roulant bas comme
à ras du sol. Et de même que le faible son des canons
lourds dans l'éloignement s'entend plus distinctement
quand on place son oreille à terre, ou quand on emploie
une baguette de fer comme conducteur de la terre à
l'oreille, ainsi le plaintif soupir de mauvais augure qui
signale au large un tigre royal semble monter du sol,
imposant silence à tous les autres bruits de la forêt et

suspendant même un instant la conversation parmi les hommes. Les serviteurs indigènes échangent entre eux des regards d'intelligence et cessent, effrayés, leur jaserie sur le prix du grain et du *ghee*, pour la reprendre aussitôt après sur les cas innombrables de mort ou de blessures que connaît leur expérience, et qui ont été causés par le plus sauvage et le plus rusé des ennemis que puisse rencontrer le sportsman dans l'Inde.

Je partis, un matin, avec le major R..., du bataillon Kumaon, de notre camp près de Jubrawalla, sur le bord de la Sooswa, de Lucheewalla et d'Hurrawalla jusqu'à Dehra; nous avions avec nous sept éléphants. Il y a près de la Sooswa, juste en face de Jubrawalla, une pièce de terre qui est quelquefois changée en île par une crue de cette rivière; elle est couverte de jeunes cotonniers et par masses d'épais buissons de *bair*. Je puis la recommander en toute confiance à qui voudra trouver des sangliers, des cerfs et quelques paons. Comme nous venions de la traverser, nous rencontrâmes la carcasse d'un bœuf dévoré en partie par quelque animal sauvage qui semblait avoir quitté tout récemment ce festin. Le terrain aux alentours était trop dur pour fournir aucun renseignement par les empreintes. Nous formâmes cependant une ligne et commençâmes la battue, nous en remettant à la chance, et suivant le cours d'une tranchée à sec, en partie cachée par des jungles, qui nous paraissait un sentier susceptible de plaire à tout animal de l'espèce féline. Au premier détour que faisait brusquement la route par nous suivie, un animal sortit du fossé, et pendant une seconde se tint debout sur le bord opposé, à une soixantaine de mètres de notre ligne. C'est chose étonnante combien rarement, excepté pour les chasseurs consommés, les animaux dont la marche et la pose dans l'état sauvage sont peu connues, parviennent à être reconnus instantanément. Dans le cas présent, j'entendis un des ghoorkas de R... déclarer de propos délibéré que l'animal qui s'était dressé devant nous était un veau, supposant ainsi sans plus ample examen que c'était ce qu'il pensait devoir rencontrer le plus probablement en pareil lieu, bien que ce fût en réalité une tigresse parvenue à toute sa croissance.

Immédiatement la poursuite commença, la tigresse coupant en travers une large pièce de terre découverte dont le gazon avait été brûlé. Les éléphants ont un pas long et balancé qui leur fait arpenter le terrain avec une allure aussi rapide que celle d'un cheval lancé au grand trot; et, dans cette circonstance, ils étaient entraînés à toute vitesse par l'excitation et l'émulation de leurs cornacs. La tigresse, gorgée de nourriture, n'était pas en humeur de courir vite, et tout ce qu'elle pouvait faire était de se tenir en avant de notre ligne. C'était une chasse sur une échelle gigantesque, une course à fond de train, une tigresse, sept éléphants pour meute, et le paysage à l'avenant.

En route, la tigresse chargea droit à travers un troupeau de gros bétail, et le dispersa au milieu des hurlements les plus discordants des bergers. Après une course de plus de deux milles, elle atteignit une petite pièce de jungles que traversait une profonde *nullah*, et comme nous ne pouvions pas dire si elle voudrait se retourner et combattre, ou s'il lui resterait encore assez de souffle pour se glisser à la dérobée sous bois, nous prîmes position et recommençâmes la battue. Je venais à peine d'entrer dans la partie des jungles que je devais fouiller, que je la vis sous un buisson couchée pour prendre son élan, et lui tirant un seul coup d'un fusil à canon lisse entre les yeux, je la fis rouler dans la nullah. Elle se précipita à plusieurs re-

prises contre le bord pour remonter ; mais elle n'y put
parvenir, toute troublée qu'elle était des effets de ma
balle, qui lui avait brisé le crâne en grande partie, ef-
fleuré la cervelle et causé un épanchement de sang
d'une artère dans la gorge, où elle avait effectué sa
sortie. Le coup était mortel, car il lui fut impossible de
quitter la place, et R..., qui survint bientôt après, l'a-
cheva d'une balle derrière l'oreille.

Les ghoorkas commencèrent par recueillir la graisse
de l'animal, quand ils en retirèrent les entrailles, avant
de hisser le corps sur un éléphant de meute, attendu
qu'ils croient que c'est un spécifique contre le rhumatisme. Le corps ne fut pas hissé sur la selle sans diverses protestations, en fait, et une foule *d'imprécations
et de jurements* de la part de l'éléphant destiné à le
porter.

Pendant qu'on écorchait la bête ce soir-là, dans mon
jardin à Dehra, quelques-uns des Chinois employés
dans la plantation de thé du gouvernement, à Kaolow-
ghir, vinrent assister à l'opération : ils attribuent de
merveilleuses propriétés médicinales à chaque partie
du corps d'un tigre, et après avoir choisi successive-
ment tous les os l'un après l'autre, ils finirent par se

procurer une charrette et par emporter toute la carcasse à leur résidence.

Les chumars du district de Goruckpore mangent souvent la chair du tigre, et pensant que la même coutume pouvait exister dans le Doon, je demandai à un Hindou si les gens de sa classe mangeaient du tigre, à quoi il répliqua assez impertinemment que les seuls indigènes dont il avait jamais entendu parler comme capables de manger une viande pareille, étaient des indigènes « chrétiens. »

Malgré l'apparence souple et sinueuse avec laquelle un tigre glisse sur le terrain lorsqu'il va de son pas ordinaire, dans l'excitation de la poursuite après sa proie, par quelques bonds ou lorsqu'il charge, il tend ses membres ramassés et ses muscles formidables jusqu'à la rigidité de l'acier.

Un coup de la patte d'un tigre renversera un bœuf en lui écrasant les côtes, ou lui brisant les os sur lesquels il aura frappé. Il emportera ensuite cette proie comme un chat ferait d'une souris, et levant la tête de toute sa hauteur, il s'en ira sans aucun effort apparent, laissant à peine les jambes de sa victime traîner à terre.

On peut se former quelque idée de l'effroyable puissance de la patte de devant du tigre, lorsque l'on voit le paquet de muscles qu'elle contient, et que l'on met à nu quand on écorche l'animal.

Je n'ai jamais entendu un tigre rugir, bien que peut-être il puisse le faire ; peu de personnes, dans tous les cas, ont entendu ce qui peut, à proprement parler, s'appeler un rugissement. En compagnie d'animaux de son espèce, il fait *ronron* comme un gigantesque matou ; son cri, entendu la nuit, est en général la plainte sourde et basse que j'ai déjà signalée. Ses élans, lorsqu'il charge, sont accompagnés d'une série de grognements rapides et effrayants, en manière de toux ; mais j'ai entendu un ours, qui chargeait, faire presque le même bruit [1]. Je crois que le tigre du Bengale est un ennemi beaucoup plus dangereux à rencontrer sur pied que le lion de l'Afrique méridionale ; mais c'est un animal rampant qui cherche toujours à se glisser à la dérobée ou à dissimuler son corps et ses mouvements, et jamais, je crois, il ne se laisse aller à un rugissement de

---

1. Le tigre du Bengale, le plus grand de tous, est inférieur au lion d'Afrique pour la force, à cause de sa longueur ; il lui est encore inférieur par le courage dans l'attaque.

défi et d'indignation que quand il est troublé dans son repos.

L'exemple le plus extraordinaire que j'aie jamais entendu citer d'intrépide férocité chez un tigre a eu lieu dans la grande Koom-Mela ou foire d'Hurdwar, en 1855. Tous mes lecteurs ont entendu parler de la foire d'Hurdwar. La ville et les temples sont situés à l'extrémité sud-est du Doon, au point de vue des limites; mais comme juridiction ils dépendent du district de Sahavanpore. C'est à cet endroit que le Gange sacré s'éloigne des montagnes ou plutôt se révèle aux plaines en se précipitant à travers les portes de grès de la chaîne des Sewalik, et chaque année, au commencement d'avril, des milliers de pèlerins hindous, des sikhs du Pendjâb, des buddhistes du Thibet, etc., viennent y faire leurs dévotions, tandis que des marchands du Bengale et d'Orissa, de l'Affghanistan et de la Perse profitent de l'occasion de cette réunion religieuse pour échanger les objets de leur commerce. Chaque onzième année, appelée l'année Koom, la foule de ceux qui visitent ce saint lieu dépasse de beaucoup en nombre la quantité des pèlerins des années ordinaires, le mérite du bain dans le fleuve croissant suivant un certain système de progression fanatique; et dans l'occasion à laquelle je fais allusion, la multitude des gens venus à la foire, au dire des officiers accoutumés à assister à cette assemblée, s'était élevée à un chiffre formidable, entre deux et trois millions. Le moindre tumulte au milieu d'une foule si prodigieuse, ou la moindre confusion áux approches des principaux passages pour arriver au fleuve et s'y baigner, causeraient la mort d'un nombre infini de personnes. Aussi les magistrats et les fonctionnaires officiels de Sahavanpore étaient presque tous présents sur le champ de foire pour maintenir l'ordre, punir le vol et opérer la restitution, non-seulement d'une quantité considérable d'objets égarés, mais aussi de membres épars de nombreuses familles perdus au milieu d'un tel océan de vagues humaines. Comme les pèlerins étaient campés par milliers dans la partie d'Hurdwar qui dépend du Doon, j'assistais à la foire en qualité de surintendant du district des montagnes, avec mon aide-intendant et le cortége ordinaire de fonctionnaires indigènes. Nos tentes étaient dressées sous quelques manguiers, avec les montagnes Sewalik et les jungles par derrière; mais des quantités innombrables de huttes de roseaux et de tentes en toile dé-

chirée s'étendaient devant nous, et l'air se trouvait à
tel point empoisonné par la foule épaisse et l'impossibilité de faire observer les règlements sur la salubrité
publique, que nous en avions le cœur sur les lèvres.

Le second jour de notre arrivée, comme nous venions
de déjeuner, un indigène accourut dans le camp rapporter que dans un champ de blé, à quelques centaines
de mètres de là, entouré de toutes parts de ces masses
profondes de créatures humaines, un tigre avait abattu
un homme. Il y avait à ce moment plusieurs visiteurs
dans le camp : le major Hampton, du 31e; le lieutenant Goddard, du 87e Royal-Irlandais; MM. R. Edwards
et L. Melville, du service civil du Bengale, et O. Bradford, esq., actuellement commissaire-adjoint dans
l'Oade, en sus de mon aide-intendant et de moi. Aucun
de nous ne put croire d'abord qu'un tigre fût allé se
promener en plein jour, sans même l'abri des jungles,
dans un endroit où le bourdonnement incessant des
voix humaines retentissait jour et nuit comme le bruit
des vagues sur le rivage de la mer.

J'avais une collection variée de fusils, et je pus en
fournir un à chacun de ceux des visiteurs qui n'en
étaient point pourvus. Nous n'avions aucun *shikaree*

ou éléphant de chasse dans le camp, et nous partîmes montés sur trois éléphants de selle, avec toute perspective d'une lutte à outrance et valant la peine d'être vue, attendu que les éléphants de selle devaient bien certainement prendre la fuite toutes les fois que cette manœuvre pourrait être le plus incommode pour leurs conducteurs, et rendre la confusion plus grande encore si nous rencontrions un tigre disposé à combattre. Deux de nous étaient montés sur chaque éléphant, et Bradford galopa au lieu de l'action sur un de mes chevaux, se fiant à sa cravache pour le maintenir hors de l'atteinte du tigre.

A trois cents mètres de notre campement, nous trouvâmes le malheureux faucheur qui avait été frappé à la tête d'un coup de patte de tigre, le crâne fracassé, la cervelle à découvert, dans l'agonie de la mort. Un peu plus loin, on nous montra une petite pièce de terre accidentée d'environ vingt mètres carrés, couverte de buissons, au milieu d'un champ de blé dont les jeunes tiges venaient à peine de lever, et près duquel il n'y avait point de jungles. On nous dit que c'était dans ces buissons que le tigre se tenait à l'affût quand le faucheur était venu couper de l'herbe près de lui, et qu'il y était retourné lorsqu'il avait été éloigné du corps de sa victime par les cris des spectateurs.

Des milliers d'indigènes nous voyant venir se réunirent autour de la place, enfermant le tigre dans une enceinte de corps humains, et nous fournirent une arène qui nous promettait à coup sûr des malheurs par l'effet des balles égarées dans le combat. Il était bien que nous fussions sur des éléphants, car nous pouvions tirer le tigre de haut, tandis qu'à pied il nous eût été parfaitement impossible de décharger nos armes sans blesser la foule.

Notre félin ami était évidemment arrivé à un degré de vive excitation par suite de l'expression de l'opinion publique sur son compte, après son attaque contre le faucheur, et de la position où il se trouvait maintenant. Aussi ne voulut-il pas attendre notre arrivée, et dès qu'il nous aperçut nous dirigeant vers sa retraite, il nous chargea de son plein gré avec un cri de colère. Les trois éléphants firent volte-face d'un commun accord et coururent l'un contre l'autre, en trompetant ou plutôt en criant de frayeur, pendant que Bradfort dansait autour d'eux sur mon alezan Waverly. Plusieurs coups furent néanmoins tirés par notre quadrille avec

ine justesse tolérable, en ce sens que nul d'entre nous
ie fut atteint, et qu'une balle envoyée à travers une
aatte de devant du tigre l'arrêta court dans sa charge et
e renvoya sous le couvert.

Une lutte active commença alors entre les éléphants
it leurs cornacs, vu que nulle force morale ou phy-
ique, nulle caresse ou piqûre ne put les engager à
approcher en ligne et à battre les buissons d'où était
orti le monstre qui leur avait troublé la cervelle. Enfin
êle-mêle, et serrés comme des moutons, ils s'avancè-
ent de côté, à une cinquantaine de pas des buissons,
irigés seulement par les coups violents de l'ankus,
rsqu'un second rugissement servit de prélude à une
ouvelle charge à fond de train. C'eût été sans doute, à
a manière dont elle était faite, une fuite au repaire
our le tigre, mais heureusement que parmi les coups
ombreux déchargés du haut des howdahs, qui rou-
ient et tanguaient comme des bateaux en pleine mer,
ie balle lancée par Melville toucha l'épine dorsale du
gre et l'envoya rouler à quatre pieds de l'éléphant de
rant, où nous le vîmes couché sur le dos, les pattes
 derrière paralysées, se livrer à l'exercice du pugilat
ec ses pattes de devant. Le mugissement des élé-

phants, le hurlement du tigre, et les cris de la foule produisaient une telle confusion que l'éléphant de Melville fit une volte-face complète et prit définitivement la fuite.

Le hourrah qui suivit la chute du tigre venait à peine de s'apaiser, que celui-ci se dressa en chancelant sur ses pattes et parvint à s'élancer en avant, principalement au moyen de celles de devant, pendant quelques pas. Il répéta plusieurs fois cette manœuvre ; à chaque décharge, il semblait que chaque balle de carabine avait sur son système un effet révivifiant comme un sel volatil. Il se releva une dernière fois, lorsque quelques-uns de nous descendirent de leurs éléphants pour l'examiner de plus près. Il se trouva que c'était un mâle, et l'un des plus grands que j'aie jamais vu.

Peu après notre retour à nos tentes, un indigène vint nous trouver : il avait eu la main traversée d'une balle. Aucun os ne paraissait atteint, et il se trouva enchanté de recevoir huit roupies (20 francs), ce qui équivaut au salaire ordinaire d'un ouvrier pendant deux mois. Ce fut un bonheur, dans les circonstances particulières de cette chasse, qu'il n'arrivât point d'accidents plus graves.

L'allure d'un éléphant qui s'enfuit est au delà de toute expression rude et désagréable; les fusils, les munitions, etc., sont en général secoués dans le howdah jusqu'à ce qu'ils soient jetés dehors et éparpillés sur tout le parcours de la fuite, tandis que les personnes montées sur l'animal ont assez à faire de se cramponner pour s'y maintenir. La meilleure manière d'arrêter le fuyard est d'en envoyer un autre à toute vitesse après lui; l'approche du second opère d'une façon calmante sur les nerfs du monstre agité. Dans les jungles peuplés d'arbres, un éléphant effrayé peut amener les accidents les plus graves, car le howdah et son contenu quelquefois sont écrasés contre les grosses branches; aussi, ce qu'il y a de mieux à faire en pareil cas pour celui qui le monte, c'est de saisir la première branche qui se trouvera à sa portée, de se sortir ainsi du howdah, et de laisser ses fusils courir leur chance, attendu qu'il ne leur serait d'aucun avantage de se faire briser les os avec eux.

Sur le territoire de Teira, au pied des montagnes du Nepâl, juste au nord de Goruckpore, j'ai vu tuer six tigres en une quinzaine, et nous ne tuâmes pas tous ceux qui furent rencontrés; mais ce n'est pas souvent qu'ils se rassemblent en aussi grand nombre dans aucune partie de l'Inde. Le plus gros des six mesurait douze pieds du nez à l'extrémité de la queue, et cette taille n'est que rarement, si encore elle l'est parfois, dépassée. Cependant le gardien de *Jungla*, le plus grand des tigres de l'ancienne collection de Lucknow, et qui est à présent aux *Surrey-Gardens*, prétend que cet animal a treize pieds et demi de longueur. Sur les six tigres, un seulement fut tué d'une seule balle, et encore cela n'eut lieu que parce qu'il se trouvait nager en traversant une nullah au moment où le coup fut tiré, ce qui amena pour lui une crampe qui le fit se noyer; le combat le plus long des six fut soutenu par une tigresse accompagnée de son petit [1], et il en est invariablement ainsi en pareil cas.

J'estime qu'aucune somme quelconque de sang-froid et d'audace ne peut assurer la vie d'un sportsman s'il essaye de tuer un tigre étant seul et à pied, avec la carabine ou le fusil ordinaire à deux coups. Le lieutenant Rice, dans un ouvrage consciencieux et intéressant

---

1. Le contraire a lieu pour le lion. Une lionne accompagnée de ses petits se fait tuer pour les défendre; mais elle est moins redoutable que le lion.

consacré à la chasse au tigre dans la présidence de Bombay, dit qu'un certain nombre d'indigènes, avec ou sans des chasseurs anglais, par exemple dix ou douze hommes en tout, peuvent passer sans danger à travers des herbes ou des arbres infestés de tigres en faisant une battue, attendu que l'animal est toujours effarouché par le bruit de plusieurs personnes ensemble, tandis qu'il regagnerait son repaire chargeant au milieu d'eux, et en tuant quelques hommes de la troupe s'ils étaient en petit nombre.

Dans la chasse au tigre toutefois, les conditions de la rencontre ne peuvent pas toujours être réglées par le chasseur lui-même. Il est désirable qu'il soit équipé de telle sorte qu'il n'ait besoin que de sang-froid pour être plus que de pair à lutter contre un tigre en tout temps, — et la science moderne permet au sportsman d'obtenir un tel résultat, vu que l'effet d'une seule des balles explosibles de Jacob, de Devisme ou de Metford, éclatant dans le corps d'un tigre, serait de le paralyser à l'instant même, comme s'il eût été frappé de la foudre.

Enfin je conseillerai à tout chasseur qui pourra désirer conserver complets ses échantillons de peaux de tigre de les surveiller avec un soin jaloux, non-seulement jusqu'à ce qu'elles aient été convenablement préparées, mais encore de les tenir enfermées sous clef jusqu'à ce qu'elles soient expédiées hors du pays, attendu que les indigènes ne laisseront échapper aucune occasion d'enlever les moustaches et de voler les griffes. Il est absolument impossible d'empêcher ces dégradations dans les peaux que l'on emploie pour l'usage ou pour l'ornement dans les Indes. Lorsque le cadavre d'un tigre vient d'être apporté au camp, les domestiques du pays lui brûlent immédiatement les moustaches, en partie comme cérémonie religieuse, mais aussi à titre d'insulte grave au mort. Si les indigènes s'attendent à quelque objection de la part du chasseur qui les prive de cette vengeance facile et qui leur cause une satisfaction inexplicable, ils saisiront simplement l'occasion de le faire subrepticement, et j'ai connu un Anglais fort étonné de voir ses peaux de tigre uniformément privées de. leurs moustaches lorsque j'appelai son attention sur ce fait. Les griffes sont estimées comme charmes par toutes les classes d'indigènes, qui s'en servent pour ornements, et les portent suspendues sur leur personne ou sur celle de leurs enfants ; et comme cette perte n'est pas souvent remarquée par un sportsman européen, ses domestiques hésitent d'autant moins à s'approprier ces dépouilles. Confiez la peau pendant qu'on la prépare aux soins du jemadar, ou chef des serviteurs ; et si elle doit être exposée ou servir de tapis dans les Indes, enlevez toutes les griffes et conservez-les dans une boîte à capsules jusqu'à votre retour en Angleterre.

CHAPITRE V

CHASSE GÉNÉRALE DU DOON

La battue avec des éléphants en ligne. — Emprunt d'éléphants. — Du transport des bagages dans le Doon. — Incendie des herbes. — Localités où se trouve le *Cheetul*. — Moyenne du gibier tué par rapport aux balles tirées. — Précautions à prendre pour viser les animaux. — Une battue de Boolawalla à Motrowalla. — Où l'on trouve le *Sambah*. — Lieux hantés par le cerf à quatre bois. — Où l'on peut chasser le gibier à plume dans le Doon. — Fauconnerie. — Pêche et tir au poisson. — Comment on cuit, pour le conserver tendre, le gibier nouvellement tué. — *Machán* portatif ou caisse de tir pour les arbres. — Manière de viser avec un fusil la nuit. — Fusil à ressort pour piége. — Les vautours et leur vue. — Les soldats européens dans la vie privée. — Digréssion sur les « nécessites inavouées de la vie, » et une exécution militaire.

Une journée dans le Doon, au lieu et dans la saison convenables, avec des éléphants en ligne pour la battue, lorsque l'on tire tout ce qui se lève devant soi, est certainement l'idéal de la chasse sous les tropiques. La variété d'intérêt qu'elle offre fait plus que compenser, à mon avis, son infériorité comme excitation active relativement à la chasse au sanglier.

Deux ou trois chasseurs partent ensemble; la batterie apportée d'Angleterre est placée dans des compartiments réservés à cet effet dans le howdah de l'éléphant de chasse du sportsman; toutes les munitions nécessaires sont arrangées dans des poches placées autour du siége, et un serviteur indigène logé dans le kawass par derrière est prêt à charger les fusils, au besoin, si le gibier est abondant. Il faut un éléphant de selle entre deux éléphants porteurs de howdah; par conséquent trois chasseurs auraient ensemble cinq éléphants. Les nababs indigènes, ou les zemindars hindous qui conservent plusieurs éléphants pour les grandes cérémonies officielles, ne demandent pas mieux que d'être affranchis de toute dépense pour un ou deux de ces animaux quand ils ne sont pas nécessaires à leur service personnel. Les gentlemen qui empruntent des éléphants font naturellement tous les frais de nourriture, et payent aussi les gages des deux domestiques attachés d'ordinaire à chaque éléphant. On peut souvent aussi emprunter aux mêmes conditions les éléphants du commissariat; mais ils ne peuvent guère servir à autre chose qu'à battre les jungles, attendu que la valeur attribuée par le gouvernement aux éléphants du commissariat est de huit cents roupies (2,000 francs) pour chacun également, qu'il soit bon ou mauvais, et c'est la somme qu'il faut payer si l'animal est blessé grièvement ou tué ; mais les bons éléphants de chasse, dans cette partie de l'Inde, valent de mille à deux mille roupies (2,500 à 5,000 francs).

On sait vite si un chasseur traite bien l'animal ; et quoique les éléphants ne puissent d'abord être empruntés qu'après qu'on s'est concilié les bons offices de ceux des fonctionnaires du district par lesquels doit passer d'abord la demande d'emprunt, il est assez facile, une fois que le sportsman a fraternisé dans une expédition avec les propriétaires, les serviteurs et les animaux eux-mêmes, d'en obtenir tel nombre que l'on pourra désirer. Les frais de garde de chaque éléphant, y compris les gages des domestiques, sont de trois livres (75 francs) par mois.

Les tentes, la batterie de cuisine, etc., indiquées dans le chapitre premier comme nécessaires pour le voyage dans les montagnes, sont également d'une grande utilité dans le Doon. Mais au lieu d'une troupe

de coolies pour le transport des bagages, quelques chameaux, trois pour chaque chasseur, rendent le même
service, et le louage de chaque chameau n'est que de
seize shillings par mois (19 francs 20 centimes) tout
compris. Les chameaux peuvent aller partout dans le
Doon et voyager vite, mais on éprouve constamment
des délais et des embarras par suite de l'emploi des
hackeries ou charrettes du pays pour les transports.

Quand la marche du jour, c'est-à-dire le lieu du
prochain campement, a été arrêtée, le camp et les domestiques s'y rendent par la route la plus directe afin
d'arriver à temps pour faire cuire le dîner de leurs
maîtres, qui doit être prêt lors de l'arrivée de ceux-ci
le soir. La ligne des éléphants se dirige vers quelque
bon endroit à battre pour la chasse et de celui-là à un
autre, en observant simplement la position générale
du nouveau lieu de campement, de telle sorte qu'après
avoir tiré tout le jour, les chasseurs arrivent à la tombée de la nuit au camp, où les animaux tués sont écor-
chés promptement ; les peaux sont étendues sur le sol
au moyen de chevilles, et les chasseurs recommencent
les exploits de la journée encore, et encore au dîner ou
au thé du soir.

J'ai perdu nombré de semaines de chasse lorsque j'arrivai dans le Doon, par ignorance des habitudes des animaux sauvages, et des localités convenables pour trouver le gibier aux différentes périodes de l'année.

Les épaisses broussailles, et les herbes gigantesques que la saison des pluies fait naître dans le Doon parviennent à une telle sécheresse qu'elles prennent feu spontanément pendant les mois de janvier et de février; les localités les plus élevées et les plus sèches s'enflamment naturellement les premières. Tous les brinjavas et autres propriétaires de troupeaux trouvent leur intérêt à incendier le gazon, pour obtenir une nouvelle moisson de jeunes rejetons qui servent à la pâture du bétail. Lorsque le camp est par hasard assis près d'une longue pièce d'herbes sèches, par une nuit venteuse, il vaut la peine pour les chasseurs d'aller, après dîner, avec des torches se mettre en ligne sous le vent des tentes, cela va sans dire, et de mettre le feu au gazon à une cinquantaine de places différentes. Les points enflammés s'unissent tous en une longue vague de feu irrégulière, les flammes s'élèvent à quinze ou vingt pieds de hauteur, elles grondent et pétillent par places comme soufflées par le vent, et les cellules à nœuds des hautes herbes pareilles à des roseaux éclatent de toutes parts, quand l'air intérieur se dilate et que leurs tiges sont grillées par la chaleur. Des quantités de moucherolles noirs et verts voltigent çà et là, éveillés par le bruit et la lumière, et cherchent mille proies au milieu du monde des insectes troublé par la flamme. Des cerfs et d'autres ruminants se dispersent parfois à travers les jungles, plus effrayés, cependant, de la présence des porteurs de torches que des progrès de l'incendie, attendu que la répétition fréquente du même programme incendiaire les rend généralement indifférents à la vue des flammes, sauf dans le cas d'un voisinage trop immédiat. Toutefois, quand le gazon vient d'être brûlé, comme il s'écoule toujours un peu de temps avant que les jeunes herbes ne se montrent au milieu des cendres, le cerf va chercher le vivre et le couvert dans la forêt Sankote, et sur les pentes au pied des Sewalik. La forêt Sankote est à l'extrémité nord-est du Doon, près des cours d'eau appelés Bengala, Rambuha et Chundanawa, et un sportsman qui la battrait au moyen d'éléphants y pourrait tuer cinquante têtes de cerfs, d'axis, d'élans et d'autres bêtes pendant la première semaine de janvier.

7.

Le sanglier et le cochon-cerf (babiroussa) restent naturellement là où le terrain est marécageux ; et quan les premières herbes commencent à pousser dans les plaines incendiées, quand le gazon de la forêt et les jeunes pousses sont brûlés à leur tour, les animaux reviennent dans les environs de Jogeewalla et de Beebeewalla en nombre si considérable que, vers le commencement du temps chaud, chaque bouquet de couvert assez épais pour qu'on ne puisse voir à travers, contient certainement quelque chose sous forme de sanglier, de cochon-cerf, d'axis ou de porc-épic, et à l'occasion un paon, des perdrix noires, des cailles, quelquefois même des outardes.

Lorsque l'on tire à balle du haut de son howdah, il se perd un très-grand nombre de projectiles, et quantité d'animaux s'en vont au loin blessés. Il est peu de chasseurs qui sachent combien de fois ils manquent leur but en tirant ainsi, quand ils n'ont point fait l'expérience de compter les charges qu'ils ont employées. J'ai connu un officier très-bon tireur qui s'estimait bien au-dessus de la moyenne, et disait volontiers qu'il était sûr de son coup une fois sur trois. Il dut avouer son erreur à cet égard, attendu qu'en contrôlant les résultats d'une journée de chasse en plaine à Dhaloowalla et à Jogeewalla, il trouva qu'il avait déchargé quatre-vingt-dix fois son arme pour abattre cinq têtes de gibier. J'ai moi-même été sur ce même terrain en avril, avec un ami, et nous avons tiré chacun plus de quatre-vingt-dix balles dans la journée, pour ne remporter que cinq et six pièces respectivement. Naturellement, en pareil cas, nous ne comptons que le gibier quadrupède dans notre butin. Je suis certain que si l'on employait des balles explosibles au lieu de balles ordinaires, on obtiendrait des résultats beaucoup meilleurs, vu que la dépense d'employer des balles explosibles empêcherait de tirer au hasard ou à toute volée, en même temps que tout animal frappé serait assuré au chasseur. Lorsqu'on se sert d'une balle ordinaire, en tous cas, le sportsman ne saurait trop tôt se persuader que c'est une complète folie de tirer, comme le font une foule de gens toute leur vie, au milieu du corps d'un animal. Il faudrait toujours viser un peu au-dessus de la pointe du coude, ou de ce qu'on appelle vulgairement l'épaule d'un cerf; mieux vaudrait mille fois prendre pour but la tête que de tirer à tout hasard au centre de la bête. La moindre réflexion montrera que lorsque l'on vise le milieu du corps, il n'est qu'un accident qui puisse garantir au chasseur sa proie; si la balle frappe le point visé, quand le cerf a le flanc en face du chasseur, l'animal ne fera que bondir en avant et disparaître pour toujours dans le fourré, quoique sans doute il finisse par mourir ensuite misérablement. Si la balle frappe en arrière du point central visé par le chasseur et ne fait que traverser l'estomac ou les intestins, le cerf peut parcourir encore dix ou douze milles avant de tomber. J'ai vu un cerf parcourir au galop cent cinquante mètres avec le cœur traversé d'une balle, comme on put le vérifier lors de l'autopsie; mais c'est là un fait rare et exceptionnel. Je conseillerais à tout bon chasseur, lorsqu'il tire un animal au repos à cent mètres, de viser la tête; et au delà de cette distance, ou si l'animal est en mouvement, de viser la poitrine. Ne vous laissez jamais entraîner par trop d'ardeur ou trop de hâte à viser vaguement un point quelconque vers le milieu du corps.

Je partais un matin avec le major Hampton d'un endroit appelé Boolawalla; il avait l'intention de revenir par Dooeewalla et Hurrahwalla à Dehra. Je lui proposai de battre les jungles avec un éléphant à howdah et deux éléphants de selle, entre la Sooswa et les Sewalik jusqu'à Motrowalla, d'où je pouvais ensuite gagner à cheval Dehra. Je puis recommander fortement cet endroit pour les battues, soit que l'on se rende à cette station, ou que l'on en revienne. On ne rencontre aucun village sur le parcours, qui ne présente que des fonds ombreux et des plaines verdoyantes, avec quantité de jeunes arbres de jungles appelés *sál*, et qui sont un des signes caractéristiques du Doon. L'éléphant de howdah que je montais était un animal très-ferme, appartenant au *mahunt* ou prêtre sikh du temple de Dehra ; le mien n'étant pas si bien dressé, fut dégradé pour ce jour-là de son emploi et réduit au rôle d'éléphant de selle. Une très-légère différence dans la tenue plus ou moins ferme d'un éléphant que l'on monte est naturellement d'une importance très-sérieuse pour le résultat de la chasse de la journée. Quand on tire un animal en pleine course, il n'est pas d'usage d'arrêter l'éléphant pour viser ; le balancement de sa marche est suivi par le corps du chasseur, qui décharge à tout hasard son arme, et n'obtient guère de bon résultat en pareil cas qu'à de très-courtes distances. Mais quand on aperçoit un cerf ou tout autre animal immobile, le sportsman prononce le mot *dutt*, que comprennent immédiatement le cornac et l'éléphant. Le premier pose son ankus sur le front de sa monture, pour faire en sorte qu'elle reste immobile pendant que le chasseur vise avec sa carabine. Certains éléphants, quand ils sont arrêtés de cette manière, continuent à jouer des oreilles, à balancer la tête et la trompe, à remuer la queue ou à lever le pied, ce qui fait pencher le howdah de côté et d'autre, si bien que le bout de la carabine oscille autour de l'objet visé, pendant que le chasseur, qui perd ainsi des occasions précieuses de se procurer des échantillons rares de gibier, devient presque fou de colère. L'éléphant du prêtre, sur lequel je me trouvais se tenait, au premier ordre d'arrêt, pendant quatre ou cinq secondes, aussi immobile qu'une statue. Je rencontrai d'abord une outarde dans la plaine de Boolawalla, prés du Dhoolkund Ras; mais je ne la suivis point dans son vol, qui s'éloignait de notre route. J'aperçus ensuite un jeune faon moucheté, que je tuai au repos sous un banyan (*burgut*). Peu après je tuai un cochon-cerf dans les herbés d'un ravin à l'ouest du Dhoolkund. Nous tombâmes bientôt après au milieu d'un grand troupeau d'axis dans une forêt de *sál*, et j'abattis parmi eux un mâle portant des bois d'une belle taille (*jank*). Dans la solitude la plus profonde de la forêt de Motrowalla, je surpris trois grands cerfs (*sambah*) dont un resta ma proie, et un peu plus loin, je jetai bas encore deux cerfs mouchetés, ce qui composait un butin de six têtes de cerf, soit en moyenne le produit d'une journée de chasse dans la saison pour un sportsman au courant des meilleures localités.

J'ai découvert que le meilleur et le plus sûr moyen de trouver le *sambah*, cerf de la plus grande espèce et du plus noble aspect que l'on puisse voir dans les Indes, est de le chercher dans les ravins ou dans le lit large, sec et plein d'herbes des cours d'eau indiqués au milieu de la forêt de Chandpore. Pour chasser ces animaux, le sportsman fera bien de prendre un seul éléphant sans *howdah*, ayant à la selle une fourchette pour la carabine et le sac des munitions; et quand il passera en silence le long de ces canaux ou à travers les étendues plates des jungles de gazon semées çà et là de bouquets d'arbres, il rencontrera souvent des pièces de terre broutées de près où le grand cerf a laissé ses empreintes en même temps qu'il a enlevé l'écorce des arbres environnants pour peler ou polir contre eux ses andouillers.

Quand on l'aperçoit pour la première fois, ce cerf gigantesque se tient en général immobile, et bien qu'il contemple l'intrus de tous ses yeux, il montre en son regard si peu d'intelligence qu'il est difficile de le croire vivant; c'est le moment d'arrêter l'éléphant et de viser la bête à la tête ou au cœur. Si le chasseur est encore novice, il est probable qu'il tirera un ou deux coups rapidement et sans résultats, qui laisseront le *sambah* dans l'immobilité d'une statue, comme s'il n'avait point conscience de ce qu'il voit et de ce qu'il entend, jusqu'à ce qu'une seconde après, semblant se réveiller subitement d'un songe, il relève la tête et disparaisse. Le suivre dans ce moment-là, s'il n'est pas blessé, est chose inutile; mais huit ou dix jours après, si l'on revient au même endroit, on peut être, dans la plupart des cas, assuré d'une seconde entrevue avec le même chef de la forêt.

Le manque d'eau se fait cruellement sentir dans les forêt de Dholkote et de Chandpore pendant la saison des chaleurs, de sorte qu'il y reste peu ou point d'axis, de cochons-cerfs, de sangliers ou d'oiseaux. Le *sambah* paraît capable de supporter la privation d'eau plus longtemps que les autres animaux, ou peut-être d'aller plus loin pour s'en procurer. Avant de connaître le pays du Doon, j'ai parcouru bien des milles et voyagé pendant de longues heures ennuyeuses à travers ces forêts, avec nos éléphants en ligne qui font de si heureuses battues dans les plaines, sans voir un seul animal d'aucune espèce ; les quelques *sambahs* qui restaient fuyaient effarouchés au bruit de notre approche, et aucun autre gibier n'existait là.

Toute chasse à tir dans les collines Sewalik diffère naturellement beaucoup de celle qui se fait dans les autres parties du Doon, par suite de la difficulté et de l'impossibilité même, en certains endroits, d'y employer des éléphants. Le sportsman ayant en mains sa carabine à deux coups, s'avance seul, ou accompagné d'un seul domestique, et se meut avec aussi peu de bruit que possible, en consultant la direction du vent toutes les fois qu'il approche d'un couvert plus fourré que les autres et plus susceptible d'abriter le gibier. Le cerf à quatre bois, appelé quelquefois la chèvre-antilope, et qui est un animal assez rare, se trouve principalement dans les Sewalik. Le cerf aboyeur (*kapur*) y est commun, et le *sambah* s'y rencontre souvent. Les indigènes prétendent que le chamois existe dans ces parages, mais j'en doute; car on peut très-facilement confondre la chèvre-antilope (*doduv*) avec le chamois de l'Himalaya (*gooral*), que je n'ai jamais vu dans les Sewalik ou ailleurs à une élévation aussi faible.

Les faisans argentés et les paons abondent dans les Sewalick. On peut tuer un grand nombre de perdrix noires dans les *sursown*, ou champs de sénevé, quand ils sont en fleurs, dans tout le Doon occidental; et des quantités innombrables de poules communes des jungles (*moorghees*) se trouvent dans les bois, aux environs de Murreepore et de Khalsee, juste au-dessus du confluent de la Tonse et de la Jumna.

Je n'ai fait aucune allusion à la fauconnerie et à la pêche dans le Doon, parce qu'il m'a été impossible, pendant mon séjour en ce pays, de donner du temps à l'un ou l'autre de ces exercices; mais ceux qui ont du loisir et se plaisent à cette espèce de *sport* peuvent trouver là de nombreuses occasions de se livrer à leur amusement favori. On peut se procurer dans les collines une grande variété de faucons, dont les principaux sont le *baz*, le *churelt*, le *behree* et le *shaheen*, qui se prennent avec la plus grande facilité au moyen d'un filet tendu entre deux baguettes droites enfoncées légèrement dans la terre, et d'un pigeon, ou autre appât convenable, placé du côté opposé à celui où le faucon peut être perché. Lorsqu'il fond sur le pigeon, il renverse le filet et s'y trouve engagé pendant quelques secondes, dont profitent les hommes à l'affût pour accourir et le prendre avant qu'il ait eu le temps de reprendre son essor. On lui administre alors du camphre, et certaines préparations de chanvre et d'épices qui produisent l'ivresse, on le tient chaperonné pendant vingt-quatre ou trente-six heures, et après ce laps de temps il paraît parfaitement apprivoisé, ou du moins il ne semble plus craindre les personnes qui s'approchent de lui.

Les courlis, les huppes, les cigognes et les hérons se prennent avec le *behree*, tandis qu'on fait voler au *baz* les paons, les lièvres et même l'antilope dans les plaines. Toutefois les désappointements, les difficultés et les résultats comparativement mesquins que l'on rencontre dans la chasse au faucon, la rendent une espèce très-peu satisfaisante de *sport*.

Bien au contraire, la pêche dans le Doon est excellente, aussi bonne que pas une au monde. Le Gange et la Jumna, comme aussi quelques-uns des cours d'eau plus petits, pendant les pluies, abondent de *mahseers*, saumons de cette partie du monde. C'est un poisson d'un goût délicieux, qui procure une pêche excellente et atteint des proportions énormes. Les petits sont meilleurs pour la table que les plus grands, dont la chair est plus grossière. Cinq *seers* (ou dix livres) constituent un petit poisson, quatre-vingts livres se rencontrent souvent, et j'ai entendu parler de *mahseers* qui pesaient cent livres. On prend habituellement ces monstres avec une poulie-à-filer et des lignes assez fortes pour résister au cas où l'appât serait avalé par le *gowch*, ou requin d'eau douce, dont le poids, près d'Hurdwar, s'élève jusqu'à cent dix ou cent vingt livres. Le *mahseer* ne quitte pas les rochers, et ne se montre plus dans ses rivières préférées dès que celles-ci traversent les lits de vase et de sable qui commencent à quelques milles du pied des collines. Dans les collines mêmes, quand les pluies se sont arrêtées, les larges mares formées par les remous et les détours des courants restent pleines de très-gros *mahseers*, que l'on peut tuer aisément soit avec une balle conique, soit avec une des sarbacanes à harpon de Reilly, partout où les rives sont assez escarpées pour permettre le tir de haut en bas presque à angle droit relativement à la surface de l'eau. Le plan énoncé par Witworth, et auquel je fais allusion dans mon dernier chapitre, faciliterait, je crois, cette espèce de chasse.

J'ai vu quelques beaux échantillons de *mahseers* tués d'une balle et aussi quantité *d'anwaris*, ou mulets, qui nagent souvent le long de la surface de l'eau avec les yeux en saillie au-dessus du courant, à la façon des grenouilles, et qui avaient été tirés avec du plomb ordinaire. Aussitôt que le mulet est atteint, ne fût-ce que d'un seul grain de petit plomb, il paraît étourdi et se tourne sur le dos; mais comme il commence immédiatement à couler bas, il est généralement perdu s'il n'est pas saisi tout de suite par un serviteur indigène. *L'anwari* est le poisson le plus savoureux que j'aie goûté dans l'Inde.

Puisque je viens de parler de la saveur du poisson, je vais indiquer un moyen très-simple de conserver la viande tendre et de la faire cuire dans les jungles. On ne sait pas, en général, que lorsque la chair d'un animal est cuite à l'instant même où il vient d'être tué, assez vite, en fait, pour que la chaleur du foyer ou de l'eau bouillante la saisisse avant que sa propre chaleur animale l'ait quittée, elle reste parfaitement tendre. Il faut la conserver ou la suspendre pendant plusieurs jours, seulement pour lui faire perdre cette consistance coriace et roide que la viande nouvellement tuée prend en refroidissant. Supposons donc qu'une poule sauvage ou un porc-épic ait été tué dans le voisinage du camp, lequel est toujours, dans le Doon, pourvu d'un large feu de bois flamboyant, la première chose à faire est d'ouvrir l'animal et de le vider, pendant qu'un domestique mélange de l'eau et de la terre en une pâte épaisse, dont on enduit promptement la bête tout entière, les plumes et les piquants contribuant à maintenir solidement son enveloppe. Ce pâté de boue, d'un aspect étrange, est ensuite mis au feu, qui sèche d'abord et cuit l'argile de la croûte en une sorte de vase de terre sans ouverture, qui conserve à l'intérieur le jus de la viande pendant la cuisson. Il est besoin d'une certaine expérience pour déterminer le moment où il convient de retirer le plat et de le mettre sur la table ou sur le sol, lorsque d'un coup d'un piquet de tente on ouvre ce noyau, qui se détache avec les plumes ou les piquants pour donner accès à l'amande charnue de l'intérieur.

J'ai parlé des chasses de nuit dans le Doon, et des désavantages qu'elles présentent lorsqu'il s'agit de tirer les éléphants; mais comme elles sont quelquefois utiles pour tuer les tigres, je vais décrire un *muchán* portatif très-convenable que j'avais fait dans le Doon. Il va sans dire que c'est parfois une chose très-malaisée que de dresser une plate-forme sur un arbre favorable, et qu'il y fait souvent cruellement froid pour le chasseur. Le point le plus important, lorsqu'il s'agit de passer la nuit dehors, est, comme Galton l'indique dans son *Art de voyager*, de se procurer un bon abri contre le vent, et c'est à quoi l'on arrive au moyen de toute cloison imperméable à l'air d'une hauteur de dix-huit pouces. J'avais donc fait construire un lit de six pieds de long, de deux de large, avec un bordage de dix-huit pouces de haut tout autour; les pieds, dépassant de six pouces, servaient à s'appuyer sur les branches ou à fournir des points d'amarrage; deux anneaux de fer, à chaque pied, donnaient également prise aux cordes. En dehors du bordage, à droite et à gauche, étaient des comparti- ments pour les carabines, avec une couverture d'étoffe sur chacune d'elles pour les protéger contre la rosée ou la pluie; un troisième compartiment, à la tête, servait

aux munitions. Ce lit, aussi commode que tout autre
dans le camp, et pouvant aisément se hisser avec rapidité dans un arbre ou se suspendre entre deux, évite
tout l'ennui de construire un *muchân*.

Il est naturellement difficile de viser la nuit avec
nos canons brunis. Un diamant pour point de mire
peut avoir son utilité à cet effet; mais j'ai trouvé que
la meilleure méthode consistait à boutonner un morceau de ruban blanc sur la mire ordinaire, puis de le
faire descendre entre les deux canons en le fixant à
la poignée de la monture. Toutefois, quand il est nécessaire de tirer la nuit, il vaut mieux laisser l'arme
faire toute seule la besogne, et employer le piége ordinaire du fusil à ressort plutôt que de coucher dehors
avec sa carabine. Il est désirable que l'on ait un trou
à faire feu percé dans chacune des détentes du fusil qui
doit servir de piége; l'arme est solidement fixée à deux
poteaux ou deux petits arbres, et une ficelle attachée
aux détentes passe autour d'une baguette lisse liée
à la crosse, et revient se nouer à un buisson, ou à un
arbre en traversant le chemin, ou la voie par où l'on
espère que passera l'animal. Pour les hyènes, les chacals, les loups et autre vermine, il est facile de placer

un mor ceau de viande au bout du fusil et d'y attacher la ficelle.

Dans le Doon, comme ailleurs dans les Indes, si la carcasse d'un cerf, ou de tout autre animal, reste sur la terre une heure seulement, elle est bientôt visitée par des vingtaines de vautours. Ces oiseaux tournoient constamment bien au delà de toute portée de la vue dans le ciel, et leur œil est si perçant que l'un d'eux ne manque jamais d'apercevoir le corps avant qu'il soit longtemps. Et du moment qu'il change son tournoiement paresseux et sans but apparent pour suivre une direction déterminée vers l'objet qui l'attire, chaque vautour à même de le voir le suit, et le plus éloigné d'entre eux en a d'autres plus reculés qui viennent à sa suite, si bien que le fait d'une proie à manger se trouve télégraphié à des centaines de milles. Dans une vaste plaine, lorsque nul point noir ne se montre dans le ciel, pourvu qu'un cerf nouvellement tué soit recouvert avec soin d'herbes et protégé contre les chacals, il peut rester jusqu'à décomposition complète sans courir aucun danger de la part des vautours. Mais s'il demeure exposé à la vue, quelques taches faibles apparaissent d'abord dans le ciel, et à mesure qu'elles grandissent davantage en se dirigeant directement vers le même lieu, d'autres points noirs se montrent aussi éloignés et aussi faibles ; l'un après l'autre ils fondent et s'abattent à quelques pas de leur proie, jusqu'à ce que peut-être soixante ou cent d'entre eux s'en donnent à cœur-joie à la curée. Il est difficile de concevoir pourquoi, lorsqu'on a été à même d'observer ces détails, on en vient à conclure, comme je l'ai entendu faire souvent, que les vautours sont attirés par la finesse de leur odorat. Tous les oiseaux ont l'intelligence aussi vive et aussi subtile lorsque leurs sens sont aiguisés par la faim. Voyez, par exemple, cinq ou six corbeaux gris de Calcutta, qui semblent réfléchir, perchés sur le toit d'une maison, pendant qu'ils font leurs plumes d'un air pensif ou sautillent çà et là, n'ayant absolument aucune idée en tête, « ne pensant à rien » en fait. Si dans le moment peut-être un ami passe rapidement près d'eux, se rendant sans doute à ses affaires, le battement même de ses ailes, sa façon d'aller, sa tenue générale, sinon exactement l'expression de sa physionomie, inspirant clairement la conviction qu'il va dîner, et qu'il sait ou qu'il voit en quel lieu trouver sa pâture, à l'instant même l'effet est produit sur les autres, et il est curieux

de les voir apprécier aussitôt un fait d'une telle importance et suivre au plus vite ce guide improvisé.

Je me rappelle qu'une fois deux simples soldats européens, arrivant de Meerut dans le Doon, pour y passer quelques semaines de congé qu'ils avaient obtenues,
résolurent de les consacrer aux plaisirs de la chasse et
de parcourir le fusil en main les jungles du Doon. Leurs
armes n'étaient pas, naturellement, des chefs-d'œuvre
d'arquebuserie, et, comme ils ne pouvaient se payer
le luxe des tentes et des domestiques, ils se logeaient
dans une étable à vaches, ou dans une cabane hors du
village, bivouaquant devant un large feu quand ils ne
pouvaient se procurer rien de mieux. Le bois à brûler
ne manque pas dans la forêt, quoique l'hospitalité soit
une vertu inconnue parmi les hindous, et, bien qu'ad-
mise en droit chez les musulmans, elle n'est pratiquée
par eux qu'à l'égard d'un petit nombre de leurs core-
ligionnaires.

Vers l'époque de la visite de ces deux soldats, un
tigre avait commis quelque méfait près du village de
Suhenspore ; et, enflammés du désir de conquérir une
si belle proie, nos deux hommes firent la dépense,
assez lourde pour eux, d'acheter un veau valant de

huit à dix roupies, et du haut d'un *muchán* perché sur un arbre, ils firent le guet la nuit dans les jungles que l'on supposait habités par l'animal. Pendant qu'ils employaient ainsi leur temps, le tigre tua un indigène dans le voisinage, sur quoi nos deux soldats disposèrent au plus vite de leur veau en faveur du plus offrant, et s'approprièrent le cadavre pour leur embuscade, estimant avec la nonchalance particulière à cette classe [1] que c'était un appât excellent pour le tigre et surtout peu coûteux. J'ai plaisir à dire que plus tard ils sont parvenus à tuer un tigre, mais je ne sais pas au juste si ce fut celui pour lequel ils avaient pris tant de peine.

Il faudrait encourager par tous les moyens les hommes fermes, d'un bon tempérament et d'une bonne conduite, à faire des chasses de cette nature une diversion heureuse aux profonds ennuis de la garnison.

La vie nonchalante menée par nos soldats en temps de paix pendant les chaleurs, peut à peine se concevoir pour les habitants de l'Angleterre. Comparativement parlant, on fait bien peu de chose pour procurer à nos troupes des occupations intéressantes, ou des amuse-

---

1. On sait qu'en Angleterre le simple soldat n'est pas honoré comme chez nous.

ments appelés avec tant de raison les « nécessités inavouées de la vie. » Si dans un climat fortifiant et salu-
taire, l'excitation jusqu'à un certain point est nécessaire
à la santé de l'esprit et du corps, à combien plus forte
raison devient-elle de première nécessité dans la sta-
gnation énervante, dans les chaleurs mortellement dés-
espérantes de la vie des stations au milieu des plaines
de l'Inde.

Des efforts sont quelquefois tentés par des officiers
de nos régiments de première classe pour intéresser et
occuper leurs hommes dans les cantonnements, au
moyen de l'installation de jeux nationaux et de théâtres
d'amateurs; mais la façon systématique, universelle et
pratique de se mettre à l'œuvre chacun pour le plaisir
de tous, si remarquable dans l'armée française, nous
fait absolument défaut. La gaieté spasmodique tombe
avant que la saison des chaleurs commence, et le soldat
est amené à boire, dans l'espérance illusoire d'échapper
aux effets d'une atmosphère accablante et d'une absence
de pensée à perdre la raison. Le gouvernement serait
amplement remboursé par la bonne santé et le bonheur
des troupes, comme aussi par une économie sérieuse
sur le chapitre des faux frais causés par la maladie ou

l'intempérance, s'il souscrivait en masse à chaque ouvrage périodique illustré qui se publie en Angleterre, et s'il faisait également un choix dans la presse non illustrée pour six mois de l'année, en envoyant un exemplaire de chaque publication à chaque régiment européen ou à chaque dépôt dans l'Inde, d'avril à octobre.

Dans un temps qui n'est pas encore très-loin de nous, lorsque notre horizon politique était sans nuages, et que l'action énervante des vents chauds et de la température brûlante se faisait sentir avec le plus de force, il était devenu de mode dans notre armée du Bengale de se faire condamner aux travaux forcés pour le crime le plus petit possible qui pût procurer un tel soulagement à la misère présente.

Dès que nos soldats eurent trouvé qu'en jetant leur bonnet de police ou leur gant à un officier supérieur, ou en le frappant légèrement, ils pouvaient espérer pour punition d'être transportés en Australie, ils saisirent avec empressement cette occasion d'échapper au climat des Indes, et les actes d'insubordination suivis de conseils de guerre se succédèrent avec une effrayante rapidité.

Le commandant en chef s'aperçut bientôt qu'un tel
état de choses amènerait promptement le renversement
de toute discipline, et il publia un ordre annonçant que
la pénalité extrême de la loi militaire, et non plus la
peine plus légère du bannissement, serait appliquée à
l'avenir chaque fois qu'il s'agirait de coups portés à
un officier.

Les hommes, toutefois, ne crurent point malheureusement que la menace serait mise à exécution, et avant
que le premier exemple de délit qui suivit la notifica-
tion eût été jugé et puni, trois ou quatre lui avaient
déjà succédé.

Entre ceux qui se présentèrent, il en est un qui me
fut raconté peu après par un ami, à l'endroit même où
il avait eu lieu. Un jeune aide-chirurgien du dépôt voisin
du haras de Haupper était venu à Meerut, et se dirigeait
le long de la route vers les cantonnements quand il
rencontra un soldat européen. Le soldat ne savait aucunement ce qu'il était, et n'avait naturellement aucune
antipathie personnelle contre lui; mais voyant au ga-
lon d'or qui entourait la casquette que c'était un officier,
il retira et lui jeta son bonnet de police à la tête. L'inci-
dent fut rapporté, et le délinquant, qui ne demandait

qu'à être reconnu et jugé, comparut devant une cour martiale qui le déclara coupable et le condamna à mort, condamnation approuvée ensuite et confirmée, suivant l'avis dûment notifié par l'autorité supérieure.

Le jeune chirurgien, cause innocente du dénoûment fatal que devait avoir cette affaire, aurait de grand cœur soustrait le soldat à son triste sort si ç'eût été chose praticable ; mais il se trouvait impuissant dans les circonstances particulières du délit, pendant que le prisonnier lui-même ne semblait pas un seul instant songer à la possibilité de l'exécution de la sentence.

Le convoi d'un soldat condamné a lieu, pour ainsi dire, avant sa mort; les troupes sont toutes commandées pour assister à l'exécution, et elles s'avancent avec les armes renversées, la musique jouant une marche funèbre pendant que la bière vide est suivie à pied par le soldat pour qui retentit l'hymne funéraire.

Le condamné est ensuite placé, les yeux bandés et à genoux à côté de la bière, à quelques pas seulement du peloton d'exécution, choisi parmi ses camarades, et dont toutes les armes doivent être déchargées à la fois pour qu'on ne puisse savoir quelle est la balle fatale qui a terminé l'existence du patient.

Le sergent qui commande le peloton d'exécution est toujours armé d'un pistolet chargé, et sa consigne est de se diriger après le feu vers le corps, et de terminer les souffrances du condamné si la décharge des douze exécuteurs n'a point causé la mort immédiate.

Dans le cas présent, après la décharge il se trouva que l'homme n'avait pas été atteint; les sympathies de ses camarades étaient vivement excitées en sa faveur, et d'un commun accord ils avaient évité de toucher le but. Le sergent n'hésita point entre les inspirations de ses sentiments particuliers et les nécessités de son devoir, il marcha vers le patient resté à genoux et immobile, et plaçant le bout de son pistolet contre la tête de l'homme, il lui fit sauter la cervelle.

On ne laisse pas aux troupes le temps de méditer sur le spectacle solennel de la mort d'un camarade et, comme dans le cas d'un enterrement militaire, à peine les derniers mots du rituel funèbre ont-ils été prononcés que les sons joyeux de la marche du retour et le pas accéléré des soldats dissipent toutes les réflexions tristes. Le silence de mort et l'aspect affligeant de l'exécution ne durèrent qu'un instant et furent brusquement rompus par le mouvement de conversion des colonnes, les notes aiguës de la musique et l'éloignement rapide des bataillons dans tout l'éclat joyeux d'une parade un jour de fête.

Mais peu de jours après l'événement, le cadavre du sergent à qui avait été dévolue la triste mission d'achever l'exécution fut trouvé flottant dans un des puits de la caserne. Ni la musique ni les pompes militaires ne purent effacer pour lui la scène dans laquelle il avait joué un pareil rôle. Il avait erré, négligé ou évité de tous, solitaire au milieu de la foule de ses anciens amis, jusqu'à ce qu'il eût cherché le repos et l'oubli dans les silencieuses profondeurs de ce puits sombre pour échapper, n'importe où, à sa pensée et s'enfuir de ce monde.

CHAPITRE VI

SUR LES COLLINES

Le départ. — Passe-port. — Ordre de la marche. — Le cerf aboyeur
et le *gooral*. — Les pilules d'Holloway pour monnaie courante. —
Exemple de la valeur de la quinine. — Une battue (*hankiva*). — Un
voyage de nuit. — En bas du précipice. — Les haies à piéges des
montagnes. — Description et cris des faisans des collines. —
Description et cris des perdrix des collines.

Lorsqu'on prépare une excursion de Mussouree à
travers les collines, il est d'une importance vitale pour
le plaisir du voyage, sinon pour son accomplissement
réel, de se rendre autant que possible indépendant,
quant aux vivres, des villages situés sur la route. Tous
les voyageurs ont coutume de prendre avec eux une
certaine quantité de provisions, mais la plupart espèrent se procurer en chemin des œufs, du lait, du beurre,
de la farine et du bois à brûler. Or il est de nombreux

endroits où il est impossible de trouver ces choses, et je recommanderais vivement à tout sportsman d'accepter volontiers la dépense du nombre de coolies nécessaire en surplus pour le transport des objets de cette nature pendant quelques relais au moins. On peut acheter presque partout du bois à brûler; cependant il est bon d'avoir un ou deux hommes de réserve pour en porter depuis la dernière localité où il était abondant, jusqu'aux campements particuliers où l'on ne peut s'en procurer. Une petite provision d'œufs, de pain ou de biscuit et de beurre suffit, attendu que les maîtres seuls en font usage; mais il faut compter sur le transport d'une quantité de farine considérable, soit la consommation de quatre ou cinq jours pour toute la troupe, vu qu'elle constitue presque exclusivement la nourriture des coolies. Le plan le plus simple au départ est de gagner le premier village important sur la route dans lequel se trouve un *bunya* ou marchand de grains, de remplir à sa boutique tous les vides qui se sont produits dans les charges de farine, et de s'informer auprès de lui de la prochaine localité sur la route où réside un *bunya*. Les *mookias* ou chefs de tous les villages sont tenus, en théorie, de vous vendre des vivres moyennant une rémunération avantageuse pour eux; mais en pratique, comme ils détestent les étrangers et les voyageurs, ils sont complétement indifférents à l'occasion d'un profit minime, et ne céderont pas leurs provisions si la résistance passive suffit pour cela. Ils vous exposent à des ennuis et à des discussions sans fin si vous avez le malheur d'avoir besoin d'eux. Néanmoins, en cas d'accident ou de retard qui épuise les provisions, ou de maladie parmi les coolies qui rende nécessaire de se procurer des moyens de transport en route, chaque voyageur fera bien d'emporter un *purwanah* ou ordre général donné par l'autorité civile des cantons qu'il dévra parcourir, à tous les villageois de lui prêter assistance au besoin. Cet ordre est rédigé dans un style qui rappelle beaucoup les formules usitées dans les passe-ports du continent, et il est parfois tout aussi indispensable pour voyager dans les collines.

Vous dites adieu à la station gaie de Mussouree, vous avez loué des coolies, acheté des provisions et des *kiltas* couverts de cuir pour les charger, en disposant et pesant les différentes charges dont le poids ne doit point dépasser vingt-cinq seers ou cinquante livres environ pour chaque coolie, vous indiquez un endroit couvert de gazon à environ trois milles de la station pour lieu de votre premier campement. Vous partez, suivant l'usage, peu après la pointe du jour, et vous commencez la très-délectable série des déjeuners *à la fraîche;* en effet, par un beau temps, la table, ou, si vous n'en avez point, la nappe est toujours mise à l'ombre d'un arbre auprès d'un ruisseau dans lequel se remplit facilement la chaudière, et sur les pierres unies duquel les coolies pétrissent et humectent la farine qui doit servir à leurs très-simples repas. Le *kilta* du sucre et du thé vous est apporté dès que le lard, les œufs, etc., sont prêts, et pour celui-là comme aussi pour tous les kiltas de munitions, il est utile d'avoir des cadenas à lettres qui sont tout à fait inviolables pour les indigènes, et dont vous pouvez perdre les clefs sans être jamais inquiété de la perte.

L'avantage de commencer ainsi en pratique le campement et de passer un jour si près de la station est de découvrir que vous avez oublié une foule de petites choses, et de pouvoir les envoyer chercher dans les magasins des marchands de la station, avant d'être définitivement lancé dans votre voyage.

J'ai trouvé, par une longue expérience, que le meilleur système pour régler la marche de l'expédition était de fixer, après avoir pris des renseignements auprès de vos hommes, et des villageois les plus proches, l'endroit où vous vous arrêterez le lendemain. Vous faites ensuite préparer, le soir, deux killas avec toutes les provisions nécessaires pour le déjeuner, afin de partir dès que vous serez éveillé le lendemain matin. Le *khitmutgar* (domestique de la table) accompagne ces deux killas, et s'arrête auprès de tout ruisseau convenable à environ quatre milles du point de départ; il y fait préparer le déjeuner pour le moment de votre arrivée, ou allumer au moins un bon feu sous un arbre, et vous pouvez vous amuser à mettre votre habileté culinaire à l'épreuve. Pendant que vous êtes en train de déjeuner, le reste des coolies et du camp arrive; on ne dresse aucune tente, et il n'en est pas besoin. Les coolies déposent leur charge et préparent rapidement leur unique repas de la journée; les sportmen s'amusent à se baigner pendant le jour dans le courant ou tirer à la cible, ou à chercher du gibier dans le voisinage. Quelquefois, pourtant, ils font un détour pour gagner leur camp du soir, mais ils laissent comme à l'ordinaire, au chef des domestiques, l'ordre de faire partir tous les coolies à deux heures de l'après-midi, de sorte que toutes les tentes soient dressées, les feux allumés et probablement aussi le dîner prêt pour l'instant où les chasseurs arriveront le soir au lieu du campement. C'est là que, suivant la pratique du Doon, ils parlent des aventures de la journée, et déplorent les mauvais coups qu'ils ont tirés ou les chances qu'ils ont perdues faute de présence d'esprit; c'est là que, si la chasse a été heureuse, ils surveillent les indigènes qui écorchent les cerfs et les autres animaux tués pendant le jour.

Les premiers cerfs des montagnes que l'on tue habituellement au sortir de la station sont le *gooral* ou chamois de l'Himalaya, et le petit cerf aboyeur rouge; ce dernier fréquente les couverts boisés à une faible hauteur. On le rencontre souvent même dans le Doon, et il donne la plupart du temps avis de son voisinage par l'aboiement rauque dont il tire son nom. Il court vite quand il est troublé, et s'esquive parmi les buissons et les arbres. Sa chair rappelle beaucoup celle du mouflon, et comme il habite un terrain facile, on le tue généralement dans les battues où l'on cherche des faisans argentés ou des perdrix; aussi devrait-il être de règle constante, pour tout chasseur dans l'Himalaya, de ne jamais souffrir que sa carabine soit hors de sa portée. Il faudrait choisir un serviteur intelligent pour cet usage, et il apprendra bien vite à mettre promptement l'arme entre les mains du chasseur quand le gibier se présentera. J'ai rarement porté moi-même ma carabine dans les collines, car si l'on perd certainement quelques coups, par suite du délai qu'il faut pour saisir l'arme aux mains d'un homme qui est naturellement susceptible de rester en arrière dans une longue marche, ou d'avoir peut-être de temps en temps des distractions, il n'en est pas moins vrai qu'un bien plus grand nombre d'animaux échapperaient par l'effet du manque de fermeté de la main, fatiguée de porter loin une arme lourde sur un terrain difficile.

Les chamois de l'Himalaya (*gooral*) fréquentent les hauteurs les plus escarpées couvertes de gazon, et ils mettent à l'épreuve la tête du chasseur qui se hasarde à les poursuivre. Ils ne bougent et ne paissent que le matin à la pointe du jour, et pendant quelques instants le soir; mais on peut les chasser dans la journée quand ils se reposent couchés sous des buissons, ou des saillies à pic d'où ils se précipitent sans peur s'ils sont troublés dans leur retraite. Ils ressemblent à de petites chèvres grises, et leur chair prend tout à fait le fumet du gibier quand elle a été gardée quelque temps. Il existe un certain nombre de chamois sur le devant des rochers escarpés qui se trouvent à l'est et à l'ouest de Mussouree, et j'en ai tué dans les environs de la colline de Deobun. Toutefois, on fera bien à chaque village, en route, de prendre avec soin un *shikaree* ou chasseur exercé qui indiquera les meilleurs endroits et que l'on payera bien s'il fait voir du gibier, mais auquel, au cas contraire, on ne donnera que le salaire de la journée. Ces *shikaree* demandent toujours de la poudre, et c'est au voyageur de décider, en pareille occurrence, jusqu'à quel point il lui convient de pratiquer le principe de les aider à détruire le gibier; mais comme dans certains cas il n'y aurait pas moyen d'obtenir autrement des renseignements utiles sur la reposée exacte des animaux, on fera bien d'emporter une petite provision de poudre plus grossière qui convienne à leurs fusils à mèche pour récompenser ceux qui fourniront les meilleures indications.

Pour ce qui est d'acheter de bons renseignements, je puis mentionner que tous les habitants des collines ont une confiance aveugle (c'est-à-dire tous ceux qui ne les ont point éprouvées) dans nos drogues, et qu'ils apporteront souvent des provisions de lait, d'œufs ou de bois à brûler pour les échanger contre des médicaments lorsqu'ils ne se soucieront point d'obtenir un équivalent en numéraire. Un voyageur intelligent, avec un peu de discernement, pourra souvent faire beaucoup de bien en administrant l'onguent d'Holloway et quelquefois même ses pilules, ou en passant de temps en temps sur un goître le pinceau chargé d'iode. La plupart des montagnards connaissent et apprécient la valeur de la quinine dans les cas de fièvre ou de rhumatisme intermittent, et il serait bon d'en emporter une bonne provision, comme aussi de l'essence de gingembre d'Oxley. Les coolies sont très-sujets à des crampes d'estomac, surtout quand ils approchent de la région des neiges, ou lorsque par la rareté du combustible leurs galettes ne sont pas cuites suffisamment.

Je me rappelle qu'une fois j'avais passé toute une longue journée de fatigues à chasser la grande chèvre sauvage *(tahr)*, et bien que je fusse parvenu à en tirer une que nous avions suivie longtemps aux rougeurs, je n'avais à rapporter pour tout gibier qu'un faisan

bleu que j'avais abattu d'une balle, et j'étais resté dehors plus tard et plus loin qu'à l'ordinaire. Nous avions
franchi un terrain assez mauvais et nous étions parvenus à une hauteur considérable. J'étais accompagné,
comme de coutume, par mon fidèle serviteur Kunhaya,
jeune *rajpoot* au corps leste qui semblait pouvoir marcher indéfiniment, quoique chargé du poids de ma
lourde carabine. Nous avions pris pour guide un
pauvre *puharee* à la face cadavéreuse, qui par sa conduite pendant toute la journée, avait mérité les plus
grands éloges comme chasseur. Le jour commençait à
baisser et nous avions encore un long chemin à faire
avant d'arriver à l'endroit destiné à notre campement,
quand notre guide montra de l'inquiétude sur la possibilité d'atteindre le campement, ou quelque sentier
frayé avant le coucher du soleil. J'attribuai cela d'abord
à la crainte de rencontrer des *bhoots*, esprits malins de
la forêt et transformations de la déesse de la des-
truction *Kali* ou *Devee*, comme l'appellent les hommes des collines. Toutefois, quand je l'interrogeai
tout en marchant à grands pas ou en bondissant parmi
des accidents de terrain dans la direction de nos tentes,
que nous avions aperçues du haut d'un pic, il m'apprit

que depuis deux ans il avait ressenti une douleur au diaphragme, qui revenait chaque soir avec une intensité plus ou moins grande au coucher du soleil, et le courbait en deux parfois pendant une heure ou deux à force de souffrance, en l'obligeant, s'il était sur le versant des collines au moment du crépuscule, de se coucher engourdi dans les ténèbres jusqu'à ce que la lumière de la lune, ou même l'aurore du lendemain, lui permît de retrouver son chemin et de regagner son village le long des précipices sans fin de la montagne. Presque à l'instant même où il parlait, le soleil se couchait dans toutes les conditions qui annoncent une nuit sombre; et le chasseur, saisi de crampes, se coucha par terre en nous déclarant qu'il lui était impossible de se tenir debout, et en nous disant de le laisser où il était. Il était clair que nous ne pouvions le porter à nos tentes et que nous n'aurions rien fait de bon en restant avec lui. En plein jour, il aurait pu être possible à des étrangers comme Kunhaya et moi, qui ne connaissions point le pays, de prendre pour points de repère des pics remarquables, et de revenir de nos tentes à l'endroit exact où se trouvait cet homme; mais par une nuit sombre, quand les torches n'éclairent qu'un petit espace autour d'elles, il est impossible à un étranger, sans le secours de quelque sentier, de refaire dans les ténèbres le chemin parcouru pendant la journée. Nous continuâmes à regret notre route vers le camp, que nous atteignîmes juste après la tombée de la nuit, non sans de vives craintes quant à la position du malheureux chasseur couché dans les tortures de la douleur sur une colline couverte de bois au milieu des ténèbres épaisses; mais nous nous consolions par la pensée qu'il avait passé de la sorte impunément plus d'une nuit auparavant, et que les léopards des collines, à la différence des tigres de la plaine, ne feraient pas attention à lui. Quand nous fûmes arrivés au camp, je racontai l'affaire à un docteur qui se trouvait être avec nous, et qui me remit pour cet homme un gros paquet de quinine dont il devait prendre une certaine dose deux fois par jour. Le chasseur se présenta devant nous le lendemain matin, après s'être remis en marche dès que la nuit se fut assez dissipée pour permettre à un enfant des forêts de reconnaître son chemin, et quand je le payai pour ses services, je lui donnai la quinine en lui recommandant de prendre ses doses régulièrement. Je ne revins jamais dans ce canton et je n'ai plus revu le pauvre diable; mais dans une excursion que je fis plus tard dans une autre partie des collines, je fis rencontre d'une troupe d'indigènes en voyage qui me reconnurent immédiatement et demandèrent à mes domestiques un peu de la poudre blanche qui, disaient-ils, avait opéré une cure merveilleuse en débarrassant le malheureux chasseur de sa souffrance quotidienne.

Il y a quantité de gorges profondes couvertes de bois épais et de broussailles qui s'étendent du Doon aux montagnes plus élevées; et lorsqu'on passe la chaîne de Mussouree avant de pénétrer dans les collines, il est bon d'y essayer ce que les gens du pays appellent une *han-kwa*, c'est-à-dire de chasser le gibier au moyen d'une ligne de batteurs, loués à cet effet, en commençant par un bout tandis que les tireurs se placent en embuscade à l'autre bout dans des position favorables. Les chasseurs indigènes sont les meilleurs juges quant aux battues qu'il convient de faire, attendu que c'est là tout à fait une chasse à la mode du pays, qui n'est guère pratiquée que par eux ou par de vieux officiers invalides dont la ceinture grossit et les mollets diminuent, ce qui leur fait préférer les plaisirs passifs aux jouissances plus actives.

J'ai entendu parler de chèvres antilopes et de cerfs des montagnes tués par cette méthode dans le voisinage immédiat, c'est-à-dire à moins de dix milles de Mussource. Le cerf de la chaîne la plus basse (*jurow*) n'a pas d'aussi splendides andouillers que son frère le grand cerf (*burra-singha*) qui habite les montagnes situées sous la région des neiges. La seule précaution nécessaire quand on attend l'approche des batteurs est de garder un profond silence, et de choisir son embuscade sous le vent de la ligne par laquelle doit venir le gibier, faute de quoi les animaux vous éventent et s'esquivent.

Un jour, je me trouvais avec le lieutenant Speke, du 65e NI, et nous étions partis d'un endroit appelé Munjâl pour Rampore, à une distance d'environ quinze milles sur la rivière Sutledge; nous avions tiré plusieurs coups de fusil à une chèvre antilope, et abattu le long du chemin quelques perdrix noires et à pattes rouges (*chikor*); tout en les poursuivant dans les pièces les plus favorables, nous nous écartâmes l'un de l'autre et finîmes par être séparés, mon chuprassie Kunhaya restant seul à m'accompagner. Les coolies, comme à l'ordinaire, étaient dispersés, deux ou trois seulement du

même village ou de la même caste se tenant ensemble
pour se prêter mutuellement secours. La descente jusqu'à la Sutledge, des hauteurs où nous venions de camper, est fort longue, et les bords en de certains endroits
sont très-escarpés. J'avais quitté la route ordinaire et
je descendais par un étroit sentier qui, d'après la direction générale de la route et de la rivière, devait, je
le savais, me mener le long des rochers à la ville de
Rampore. La longueur du voyage fut toutefois beaucoup plus considérable que je ne l'avais prévu ; le jour
tirait rapidement à sa fin, et la quantité de nuages, au-
dessus de l'étroite vallée où nous étions, nous promettait une nuit noire. Mais à mesure qu'elle devenait plus
sombre, la route semblait plus longue encore; nous
quittâmes le pas accéléré pour prendre le pas gymnas-
tique, dans l'espoir que nous pourrions apercevoir les
lumières de Rampore avant que le jour ne fût tout à
fait éteint; nous allâmes ainsi jusqu'à ce que les objets
autour de nous eussent perdu leurs contours dans la
nuit, et notre marche devint de plus en plus incertaine,
attendu que les pierres et le gravier glissant hors du
chemin nous révélaient la profondeur de l'abîme à nos
côtes, en retentissant de rocher en rocher jusqu'au

moment où ils plongeaient dans la Sutledge, qui roulait au-dessous ses ondes écumantes.

Nous n'avions dépassé que deux ou trois de nos coolies, portant leurs charges sur le sentier, et ils paraissaient parfaitement sûrs d'arriver avant la nuit; mais la plupart d'entre eux avaient pris sans doute le détour par la route, ou se trouvaient bien loin devant nous, s'ils n'étaient pas déjà même arrivés à Rampore. Mon *chuprassie* et moi fûmes bientôt obligés de tâter le terrain le long du sentier en appuyant une main du côté de la colline. Mais sur une voie accidentée et tortueuse, il est déjà bien difficile de retrouver sa route en plein jour, et bientôt il nous fut complétement impossible de faire un pas en avant, vu que Rampore était aussi éloigné que jamais, qu'aucune lumière même n'était visible, et que l'épaisseur des ténèbres nous empêchait de nous apercevoir l'un l'autre. Un ou deux coolies, avec leurs charges, parvinrent à se traîner jusqu'à l'endroit où nous étions, après la tombée de la nuit, en se guidant probablement par leur instinct, car je ne pouvais plus voir ma main quand ils arrivèrent. Nous composions alors une troupe de cinq hommes, mais aucun de nous ne fut capable d'avancer un pas plus loin; le

sentier paraissait finir là brusquement, et sans doute
il fallait descendre quelques mètres au moyen d'entailles grossièrement faites dans le rocher. J'essayai de
descendre en tâtonnant mon chemin, mais je me trompai probablement de place, car en cherchant une marche pour appuyer mon pied, je sentis que le support,
quel qu'il fût, cédait sous moi, et ce ne fut qu'avec peine
que je parvins à remonter. Je commençai alors à tirer
un coup de fusil par minute dans l'espoir que le bruit
pourrait parvenir jusqu'à Rampore, non pas qu'aucun
indigène dût consentir à faire un seul pas pour nous
venir en aide, mais je pensais que Speke aurait pu y
arriver par la route du haut avant la nuit. Aucun son
toutefois ne répondit à mon appel, si ce n'est l'écho des
montagnes et le clapotage monotone de la rivière Sutledge; aussi je commençais à envisager la possibilité
de percher où nous étions toute la nuit comme des cormorans, avec peut-être un intermède de pluie pour varier la fraîcheur nocturne, quand tout à coup nous entendîmes des bruits de pas et des voix, et, immédiatement après, nos yeux furent éblouis de l'éclat de plusieurs torches de pin, et Speke, accompagné de trois ou
quatre indigènes, se précipita vers nous au pas de course

par un brusque détour du sentier pour nous tirer de cet embarras. Nous parvînmes alors assez facilement à Rampore; mais nous apprîmes en y arrivant que la plupart de nos coolies, qui venaient par la route principale, n'étaient pas encore arrivés. Nous nous disposions à envoyer des hommes au-devant d'eux et pressions les préparatifs de quelques rafraîchissements pour nous-mêmes, quand le son de voix nombreuses au dehors de la petite maison de pierres où nous étions annonça leur arrivée; mais la répétition précipitée des mots de mauvais augure, « au fond du *khud,* » nous fit promptement sortir pour demander des renseignements. Le *khud* est le terme employé dans les montagnes pour tous les précipices profonds, et la phrase « au fond du *khud,* » prononcée comme elle l'était alors, était bien faite pour couper la respiration à ceux qui savaient ce que c'était que de se tenir debout au bord du *khud,* et de regarder ses profondeurs vertigineuses pendant que les aigles planent paresseusement aux alentours. Un corps tombé de ces hauteurs perdrait la vie avant d'atteindre le fond de l'abîme, où il se briserait en un amas de chairs informes.

Les coolies nous racontèrent, avec une volubilité fiévreuse, qu'ils venaient dans les ténèbres, le long de la route supérieure, quand l'un d'entre eux se trouvait auprès de la rampe de bois placée pour empêcher les accidents aux endroits les plus escarpés. Le bord du précipice, sur un certain point, se rapprochait brusquement par une échancrure de la ligne indiquée par la rampe, et, comme il était impossible de s'en apercevoir dans l'obscurité avant d'avoir pu s'arrêter ou se rattraper, l'homme avait glissé entre la rampe et le chemin. Il avait jeté un cri, disaient les coolies, au moment de sa chute, et ils avaient entendu le bruit des pierres déplacées par son corps; mais, après une seconde ou deux, ils n'avaient plus entendu ni distingué rien, et, suivant l'usage des indigènes en pareil cas, ils s'étaient sauvés à toutes jambes du lieu de l'accident, épouvantés d'un tel malheur et trop heureux qu'il ne fût pas arrivé à l'un d'entre eux. Nous nous précipitâmes aussitôt, Speke et moi, dans la maison, l'un pour allumer les lanternes, chercher des cordes et mettre des spiritueux et de l'eau dans une bouteille, l'autre pour improviser une espèce de hamac avec une couverture et le bâton supérieur d'un tente. Mon domestique, Kunhaya, fut prêt en un clin d'œil, résolu tou-

jours d'aller partout où nous irions; et quelques minute
après, nous faisions appel aux hommes de bonne vo
lonté parmi les coolies pour venir avec nous cherche
leur camarade; mais notre proposition ne fut accueilli
que par un sourire d'incrédulité. Qui *voulait*, disions
nous, venir à la recherche de cet homme, et le sauve
s'il était vivant encore? *Voulait!* Naturellement per
sonne ne *voulait*. Le service volontaire n'entrait pa
dans leurs idées, et la sympathie pour leur semblabl
dans le danger ne se concevait guère avec la tournure
égoïste de leur esprit. Notre empressement à cet égard
leur paraissait évidemment puéril, et, comme nous les
pressions avec insistance, le chef des coolies, qui accom-
pagnait Speke, s'étendit avec une éloquence indignée
sur la folie de risquer d'autres vies précieuses : ce n'é-
tait, après tout, qu'un homme de moins, il était mort,
et nous ne devions rien faire avant que le jour ne fût
venu. Nous lui demandâmes s'il aimerait, au cas où le
malheur lui serait arrivé, rester toute la nuit couché,
avec les deux jambes cassées peut-être, au fond du précipice; mais il repoussa dédaigneusement cette suppo-
sition comme tout à fait étrangère à la question. Il
était toutefois absolument nécessaire que nous eussions

avec nous six hommes pour porter le corps, si nous le trouvions, que l'homme fût mort ou vivant ; aussi nous adoptâmes la méthode, tout asiatique, de saisir simplement les six coolies les plus robustes, et de leur dire que s'ils ne venaient pas tranquillement avec nous, ils seraient obligés de le faire par force après avoir été rossés d'importance. Sur cette déclaration, ils acquiescèrent volontiers à nos plans, comme s'ils n'avaient attendu que cette manifestation non équivoque de nos sentiments pour se décider. Speke, néanmoins, déclara en peu de mots au chef des coolies qu'il le renverrait le lendemain.

Nous partîmes en suivant le sentier du milieu des rochers par lequel j'étais venu, et après l'avoir parcouru près d'un mille, en surveillant avec soin les bords de la route pour découvrir toute trace de frottement ou de glissade, nous rencontrâmes bientôt une boîte à thé brisée, un panier et d'autres objets ; mais nous ne vîmes aucune trace à travers le sentier qui pût nous amener à supposer que l'homme avait été au delà. Nous commençâmes alors à grimper, en nous rapprochant autant que possible de la ligne indiquée par les débris de sa charge, que nous venions de trouver. C'est une chose merveilleuse que la facilité avec laquelle on peut gravir les hauteurs les plus vertigineuses par une nuit sombre, avec l'aide d'une lanterne seulement ; la lumière de la lanterne ne révèle que les proportions du rocher et du sol sur lequel vous êtes debout et par où vous montez ; toutes les profondeurs, incommensurables à la vue, qui donnent peur et vertige en plein jour, sont perdues dans les ténèbres. De même, pendant un jour brumeux, quand d'épais nuages floconneux s'arrêtaient au-dessous du bord d'un précipice, sur lequel je pouvais à peine me tenir, et que je n'osais regarder quand le temps était beau, j'ai pu souvent parcourir la route tout entière avec une tête parfaitement calme et le pied ferme.

Nos coolies grimpaient comme des chats, et l'un d'eux découvrit l'objet de notre recherche à moitié chemin environ, entre la route du dessus et celle du dessous. Il semblait à moitié paralysé par l'épouvante ; étourdi de sa chute, effrayé du danger, il ne faisait aucune réponse aux questions qui lui étaient adressées. Toutes ses facultés semblaient concentrées dans l'idée de se cramponner, avec une ténacité cataleptique, à la saillie qu'il avait pu saisir, sans en avoir conscience, au moment de sa chute. Dans l'obscurité profonde où il se trouvait, il ignorait de quelle hauteur il était tombé, quelle était la nature et la forme de l'obstacle qui le retenait, et par quels moyens on en pouvait approcher; tout mouvement aurait pu lui être fatal. Et, si nous n'étions pas arrivés à temps, il serait, pendant toute la nuit, resté là suspendu sur l'abîme, à moins que la frayeur ou l'épuisement lui faisant lâcher prise, il n'eût été se perdre dans les flots écumants de la Sutledge.

Nous constatâmes que s'il était passablement froissé de sa chute, il n'avait point de fractures dans les os, et, après lui avoir fait prendre quelques gorgées d'eau-de-vie étendue d'eau, plutôt pour lui remettre l'esprit que le corps, nous le portâmes à Rampore. La bonne nature de Speke lui fit oublier toutes les menaces faites par lui au chef des coolies.

Nous ne pensions guère alors, quand nous nous félicitions d'avoir échappé aux dangers du *khud*, que nous nous trouvions sur le bord d'un abîme plus dangereux, que les massacres de Meerut et de Delhi avaient eu lieu déjà, et que les indigènes de Rampore avaient entendu les premiers sons précurseurs de la tempête. Grâce à notre séjour dans la région des neiges, nous étions restés dans une ignorance profonde quant à notre position. Nous ne savions pas que tous deux, quelques jours après, nous devions revenir en toute hâte de Rampore dans les plaines, moi, pour servir comme volontaire dans le *Doáb* et chercher à prendre la vie des insurgés de Meerut avec autant d'ardeur que nous en avions mis, cette nuit, à sauver celle d'un misérable indigène, et Speke, le pauvre garçon, pour essayer sa dernière escalade, à travers une grêle de projectiles, sur la brèche de Cachemire à Delhi.

Quand la neige tombe en novembre, les faisans et autre gibier sont chassés des hauteurs et descendent au sud, vers la ligne d'écoulement des eaux. Les indigènes profitent de cette migration forcée, et, quelque temps avant la chute des neiges, ils travaillent à réparer de longues haies qui, par suite des petites additions préparées chaque année, s'étendent, en de certains endroits des collines, jusqu'à des distances de quatre ou cinq milles en longueur. Ces haies sont faites de branches coupées dans les bois où elles sont situées, et elles ont juste la hauteur et l'épaisseur voulues pour que le gibier soit tenté de s'épargner la peine de sauter ou de voler par-dessus, en passant par l'une ou l'autre des

ombreuses ouvertures laissées à dessein entre les bran-
hes par les indigènes. Chacune de ces ouvertures est
arnie d'un nœud coulant attaché à une branche pliée
e façon à faire ressort, et la dimension de l'ouverture
st toujours proportionnée à l'épaisseur de la corde du
œud coulant et à la résistance de la branche, qui se
ouve placée de la manière la plus favorable pour se
lier en deux et se tendre en un lacet. Ainsi un petit
ou qui ne laissera passer qu'un faisan ou un cerf
oyeur n'exigera qu'un faible engin; mais un passage
tre deux arbres, que pourrait peut-être choisir un
an, doit être muni pour ressort d'un pieu enfoncé en
rre, si aucune des branches voisines n'est assez forte
ur résister; et la résistance constante qu'oppose un
ége, même petit en apparence, suffit bientôt à épuiser
s forces du cerf le plus robuste si le nœud coulant a
é une fois bien attaché au cou de l'animal. Les indi-
nes laissent souvent passer plusieurs jours avant de
siter ces piéges, et le musc ou les autres animaux qui
sont laissés prendre deviennent alors la propriété
la pâture des léopards.

Les faisans des collines et autres oiseaux qui se
ennent de cette manière sont naturellement parfaits

quant au plumage, et le chasseur anglais, M. Wilson prépare pour les vendre des collections magnifiques d'oiseaux, de gibier obtenus ainsi. J'ai remarqué parmi ses papiers une lettre d'un ornithologiste de Londres qui le complimentait non-seulement à cause de la beauté des échantillons qu'il lui avait envoyés, mais encore à propos *du soin avec lequel ils avaient été tués.* Aucune des parties importantes, ni les os, ni le bec, ni le crâne ne se trouvaient endommagés, et l'ornithologiste attribuait évidemment ce résultat à l'habileté de M. Wilson à manier l'arquebuse. Ce doit être évidemment peu de chose que de tuer une oie à cinq milles de distance avec le canon Armstrong, si l'on compare ce fait à l'adresse que l'empailleur doit supposer chez les chasseurs qui dirigent leurs coups de telle sorte, qu'ils tirent en évitant de casser toutes les parties nécessaires pour monter l'animal, quand ils tuent un spécimen d'une beauté rare.

Les indigènes ne s'en tiennent pas à ces piéges pour se fournir de gibier pendant l'hiver. Quand l'approche de la neige se fait graduellement, c'est-à-dire quand il n'en tombe pas plus de quatre à cinq pouces dans une nuit, les cerfs se trouvent avertis, et descendent rapidement des montagnes sur des hauteurs où ils ne sont plus exposés à des amoncellements considérables. Mais si, comme c'est parfois le cas, il tombe deux ou trois pieds de neige d'une seule averse prolongée, le chamois et les autres cerfs de la petite espèce se trouvent nécessairement pris par l'orage ; leurs jambes grêles et leurs pieds étroits les font s'enfoncer jusqu'au ventre dans la neige, et ils ne peuvent plus avancer que par une série laborieuse de petits sauts qui les obligent fréquemment à s'arrêter pour reprendre haleine, et laissent derrière eux l'empreinte visible de leurs pas. Aussi, dès l'aube, après une chute pareille, les villageois, par vingtaines, sont en alerte : ils chaussent des espèces de bottes ou de bas faits de poils de chèvre, qui leur tiennent à la fois les pieds chauds et les empêchent de glisser sur la neige ; ils peuvent ainsi naturellement marcher là où s'enfoncent les jambes des cerfs, et si du haut d'un pic convenable ils peuvent apercevoir de loin des traces laissées par le passage d'un animal, ils s'approchent et remarquent la direction qu'il a prise d'après le jet des molécules de neige déplacées, et, en le suivant à la piste, ils sont bien vite à même de le frapper à la tête d'un coup de hachette, ou de l'abattre d'une balle de fusil à une portée facile de vingt à trente pas.

J'avais généralement coutume de porter dans les montagnes le *kilt* des Écossais, et tout mon habillement était composé d'une espèce d'étoffe de laine grise appelée *looee* et qui nous arrive de l'Affghanistan. Je trouvais le jupon écossais excellent pour traverser ainsi les neiges, attendu que les jambes nues ne conservent point l'humidité comme les pantalons, et quand je retirais mes bottes en poils de chèvre, je n'avais plus qu'à mettre des bas et à chausser des souliers secs.

Chasser en temps de neige est un très-bon amusement; mais c'est un procédé qui sent le braconnage, et quiconque l'a vu pratiquer ne s'étonne plus de la rareté relative du gibier, en été, dans les forêts qui sembleraient devoir être le plus giboyeuses.

On trouve dans les collines six espèces différentes de faisans et cinq de perdrix, dont quelques-unes sont bien connues en Angleterre, où elles ont été introduites vivantes pour les acclimater dans nos réserves. Je vais en donner toutefois une liste et une description pour que le lecteur soit à même de reconnnaître plus facilement les variétés quand elles s'offriront à ses regards. La

meilleure manière de se faire une idée exacte du plumage des différentes variétés, mâles et femelles, est d'a-
cheter une des collections complètes d'oiseaux pré-
parés par M. Wilson, et d'adresser la commission à
MM. H. G. Scott et Cᵉ de Mussouree. Le chasseur fera
bien aussi d'apprendre à reconnaître le cri et les ap-
pels de chaque variété. En effet, dans une marche à
travers les jungles, un faible son que ne remarquerait
pas un novice peut faire s'arrêter court le chasseur ex-
périmenté, et le conduire vers un gibier qui autrement
lui aurait complétement échappé. Les chasseurs de
l'Himalaya sont obligés de compter sur la finesse de
leurs propres sens bien plus que ne pourraient jamais
se l'imaginer les tireurs européens; car si l'on peut à
la vérité trouver dans les montagnes, pendant un certain temps, quelques secours dans la compagnie de
chiens couchants actifs et bien dressés qui feront lever
le gibier, ils succombent bientôt victimes des nombreux
léopards du voisinage et deviennent souvent, quand ils
ne sont pas mangés, tellement sauvages, qu'ils ne peuvent plus rendre que très-peu de services.

Les six espèces de faisans, dans l'ordre de leur rareté, sont le *kaleej*, le *moonal*, le *koklass*, le *cheer*,

l'*hunyal* et le *longee*. Le *kaleej* est le plus commun, et le *longee* le plus rare et le plus difficile à se procurer de tous les faisans de l'Himalaya.

Le *kaleej*, mâle et femelle, est à peu près de la même taille que le faisan de l'Angleterre, d'une forme pareille, avec la longue queue; mais il est orné en plus d'une crête. Le mâle, quand il est jeune, est presque noir, mais il se couvre, en vieillissant, d'un certain nombre de plumes argentées. La femelle présente la couleur ordinaire des poules, le brun pommelé. Tous deux ont les yeux bordés de caroncules rouges, signe caractéristique, avec les changements voulus de la couleur chez tous les faisans. Leur cri est un gazouillement court, aigu et sifflant.

Le *koklass* est à peu près de la même grosseur, peut-être une idée plus fort, et la femelle se montre sous un plumage presque aussi sévère que la compagne du *kaleej*. Ils portent tous deux la queue longue, et le mâle offre alternativement de belles plumes ardoisées et rougeâtres : ils lancent pour cri une note grave, en répétant le mot : *kokla! kokla!*

Le *cheer* est beaucoup plus grand que le *koklass*; le mâle et la femelle se ressemblent beaucoup : même queue longue, même plumage roussâtre; la taille seule diffère, attendu que le mâle est le plus fort des deux.

Le *moonal* mâle est un oiseau d'un aspect magnifique; il a la tête, le cou, le corps et les ailes d'un bleu clair splendide, avec de délicieux reflets métalliques mélangés d'or et de cuivre. La partie faible de son plumage est la queue, qui est courte, en éventail, d'un vilain rouge indien, et munie parfois à sa base d'une touffe de plumes blanches. La femelle, avec les mêmes formes que le mâle, ne se présente que sous la livrée commune du gibier vulgaire : le plumage brun pommelé. Leur grosseur et leur poids sont à peu près ceux d'un dindon. Quand ils sont séparés ou perchés sur des arbres, ils font entendre un roucoulement doux et prolongé, comme un cri d'appel pour s'informer de l'endroit où se trouve leur compagnon, ou comme cri d'alarme quand ils entendent des pas étrangers. Quand ils sont effarouchés, ils se précipitent dans les abîmes de la montagne comme des fusées volantes, en poussant un sifflement aigu qui rappelle, avec plus de force, le sifflement du *kaleej*.

Le *longee* ou *argus* est le plus beau de tous les faisans. Son nom lui vient de ce qu'il a le corps couvert

10.

d'un grand nombre de petites taches d'un blanc vif. On en connaît deux espèces : l'une a le plumage rouge moucheté de blanc; l'autre, gris foncé sur tout le corps, se colore d'un beau rouge sur la tête et sur la poitrine. Il porte aussi un curieux appendice de peau bleuâtre qui lui pend sous le bec, et, dans de certaines saisons, deux pinceaux de plumes sur les oreilles ayant environ un pouce et demi de long. La femelle, dont le plumage est d'un rouge de tan, offre des taches d'une nuance plus terne que le mâle. Leur cri ressemble un peu à celui de la chèvre, et ils le poussent volontiers, comme avec colère, lorsqu'un bruit léger trouble tout à coup le silence de la forêt, comme par exemple l'éclat d'une capsule ou le craquement d'une branche. En pareil cas aussi le *kakur* se met à aboyer. L'*argus* est à peu près de la taille du *moonal.*

. Le faisan des neiges (*haniál*) est le plus grand de tous ; le mâle et la femelle ont le même plumage, d'une couleur brunâtre semée de taches blanches. Leur cri rappelle celui du *moonal,* et bien que je croie pouvoir reconnaître la différence, j'imagine que la véritable raison qui nous fait distinguer l'un de l'autre, d'après son appel, provient de ce qu'ils se rencontrent à des hauteurs différentes, et sur un terrain dissemblable.

Je n'ai fait que mentionner le cri le plus commun de chaque oiseau tel qu'il frappe l'oreille d'un chasseur. Il va sans dire qu'un naturaliste qui étudierait leurs mœurs et les observerait dans leur vie intime, en écoutant leurs querelles de ménage, pourrait composer tout un vocabulaire des sons qu'il aurait appris dans leur compagnie.

– Les perdrix de l'Himalaya sont la perdrix noire, la grise, le *chikor* ou pattes rouges, le *pewra* ou perdrix des bois et la perdrix des neiges.

La perdrix noire ou *francolin d'Europe* est un aussi beau gibier que possible. Sa poitrine, d'un noir de jais, le blanc éclatant et le rouge sombre de ses ailes et de sa tête, avec les mouchetures brunes de son dos, semblent en faire un hybride entre le coq de bruyère et la perdrix aux pattes rouges. La femelle, d'un plumage beaucoup plus terne, se rapproche comme couleur de la perdrix roussâtre ordinaire. Pour imiter exactement leur cri, il suffit de prendre un dé à coudre de tailleur (ouvert au bout), de fermer l'une des extrémités avec un morceau de parchemin ou de vessie humide, et, quand il est sec, de le percer au centre d'un petit trou par lequel on fait passer un crin retenu par un nœud. On reproduit l'appel du francolin en frottant le crin de colophane et en le faisant vibrer rapidement d'un mouvement saccadé entre le pouce et l'index; il est nécessaire seulement de marquer les temps ou intervalles employés généralement, à savoir : deux longs, trois courts et deux courts.

La perdrix grise ressemble tellement à la perdrix d'Europe qu'il n'est pas besoin de la décrire plus au long. Le *chikor* n'est que la reproduction indienne de la perdrix rouge de France, avec plus de grosseur et des couleurs plus vives; elle a le bec et les pattes rouges, le corps ardoisé, les ailes et la queue barrées comme sa parente d'Europe. L'appel ressemble à celui de la poule commune, surtout quand il se trouve une douzaine de perdrix perchées ou picorant ensemble, aussi bien que de loin elles paraissent comme des mottes de terre, au point qu'il est très-difficile de les distinguer; les bavardages de leur conversation attirent souvent l'attention et découvrent leur retraite.

Le *pewra* est un oiseau plus léger, avec quelques plumes foncées parmi le brun roussâtre de son plunage ; pour tout le reste il rappelle exactement notre perdrix d'Europe.

La perdrix des neiges est noire avec des taches blanches sur tout le corps; elle est la plus grosse de toutes, à part le *chikor*, et pousse pour cri un long sifflement. On la reconnaît facilement parmi toutes les autres en ce qu'elle ne présente dans son plumage aucune plume d'un brun rougeâtre.

Il n'y a pas lieu de décrire le coq de bruyère des Indes, qui ressemble absolument au nôtre, excepté qu'il est d'un poids plus léger.

CHAPITRE VII

LES MONTAGNES. — MŒURS ET COUTUMES

Polyandrie. — Classes sociales. — Bazgees et bayadères. — Maladies.
— La peste dans les montagnes. — Le village déserté de Sargou
— Un mot sur l'hydrothérapie. — La question de la colonisation et
du commerce.

Il peut être intéressant au sportsman qui traverse le
pays de connaître quelque peu les coutumes, dont il
devrait noter les résultats sans en comprendre les
causes, s'il n'avait pas reçu au point de départ une
instruction élémentaire à cet égard ; c'est pourquoi je
me propose de consigner ici quelques détails sur la polyandrie, les cérémonies du culte, etc., qui se pratiquen
dans les montagnes.

Le vieux poëme épique sanscrit du Mahabharata contient diverses histoires dont un grand nombre ou plutô
dont la plupart sont incontestablement fabuleuses. On
trouve racontées tout au long les aventures des cinq prin

es Pandava, et l'histoire de ce qui leur advint dans une oute à l'arc à la cour de Drona. Le roi devait offrir au lus habile archer un prix inconnu de tous, et les cinq rères Pandava convînrent entre eux de se partager le rix si l'un d'eux était vainqueur. L'aîné des princes, Arjun, remporta la victoire, et reçut, pour prix de la utte, la fille du roi, la belle Draupadi, qui dut être ans doute passablement surprise de se voir, en vertu u traité consenti par Arjun, la propriété de ses frères .n sus de la sienne, ou de posséder cinq maris au lieu l'un. Arjun, sa femme et les quatre autres époux de la rincesse habitèrent pendant quelques années le fort le Bairath, dont on voit encore les restes, ou plutôt ceux d'une construction des ghoorkas, au même en- lroit, sur une colline située à l'extrémité nord-ouest lu Doon.

C'est un fait remarquable que le système de la po- yandrie introduit ainsi, bien que presque universel lans les *pargunnahs* de Jounsar et de Bawur, cantons montagneux qui se rattachent au Doon, paraisse in- connu dans les collines de Gurhwal et de Kumaon à 'est, ou dans celles de la surintendance de Simla à 'ouest.

Dans le canton de Jounsar, quand le frère aîné se marie, la femme est également l'épouse des frères de son mari, bien que les enfants par politesse (?) s'appellent les enfants du frère aîné. Quand il y a une grande différence entre les âges des frères d'une même famille, par exemple quand les frères sont au nombre de six, les aînés peuvent être hommes déjà, tandis que les plus jeunes ne sont que des enfants; les trois plus âgés alors épousent une femme, et les trois plus jeunes, une fois en âge de se marier, en épousent une autre, mais les deux épouses sont considérées également comme femmes de tous les six frères ensemble.

Un fait à remarquer aussi, c'est que partout où existe la pratique de la polyandrie, il se produit une disproportion frappante dans les sexes parmi les jeunes enfants comme parmi les adultes; ainsi, dans un village où j'avais trouvé plus de quatre cents garçons, il n'y avait que cent vingt filles; et cependant il n'en est point dans les montagnes comme dans la plaine, où les rajpoots sont poussés à tuer, aussitôt après leur naissance, les enfants du sexe féminin, à cause des frais énormes et des dots extravagantes qu'exigent les mariages des filles. Les infanticides de cette nature n'ont pas de raison d'être chez les montagnards parmi lesquels la femme, loin d'apporter une dot considérable, s'achète habituellement à ses parents pour une forte somme. Dans les collines de Gurhwal, où règne la polygamie, il y a un excédant de femmes et de filles. J'ignore quel effet la pratique de la polygamie produit en Turquie sur la proportion relative des mâles ou des femelles dans les naissances ; mais d'après mon expérience personnelle dans les Indes, je me sens disposé à donner plus de poids à la facilité de la nature à se conformer aux habitudes du pays, qu'à la possibilité des infanticides, pour expliquer la disproportion des sexes qui se rencontre dans le Jounsar.

La majeure partie de nos montagnards sont des rajpoots, bien qu'il y ait aussi quelques villages de brahmines, mais ils sont les uns et les autres des Indiens si hétérodoxes, que les mariages qu'ils font entre eux rendent toute distinction dépourvue de différences réelles ; quelques-uns vont même jusqu'à élever des volailles, pratique abominable pour tous les Hindous de la plaine, et permise seulement aux gens des castes les plus basses.

Ces soi-disant brahmines et rajpoots composent la

haute société ou la noblesse dans les montagnes. Leurs demeures se reconnaissent dans presque tous les villages en ce qu'elles sont mieux faites que les autres et situées sur la partie la plus élevée. Les cabanes inférieures, qui composent habituellement un groupe distinct de celles des propriétaires du sol, sont habitées par les *Dóms* ou *Hálees*, qui sont quelquefois de fait, sinon de droit, les esclaves héréditaires des rajpoots ; par les *Bazgees* qui sont, hommes et femmes, de leur état chanteurs et danseurs aux temples hindous ; et par différents corps de métiers tels que les forgerons, les charpentiers, etc., dont l'art est aussi primitif que possible. Les *Bazgees* constituent une classe nombreuse ; ils ne possèdent point de terres et cultivent peu. Leur danse est calme et sans caractère, la musique est horrible. Leurs enfants, surtout ceux du sexe féminin, sont consacrés au service des temples, ou plutôt, ainsi que cela se passe dans d'autres parties du monde, au service des prêtres et des innombrables mendiants, saints personnages qui se promènent de pèlerinage en pèlerinage, gras, paresseux, couverts de cendres, bariolés d'ocre et insolents. Lors de la première répartition du revenu des montagnes, le gouvernement avait largement pourvu à l'entretien de ces filles en leur attribuant des terres affranchies de toute redevance; mais il en a repris maintenant une grande partie. Il ne faut pas oublier qu'en soutenant de ses largesses et de sa protection impartiale la religion du bon et doux Indien, notre gouvernement, qui octroyait des terres libres et des concessions aux temples de l'Inde, ne faisait en définitive qu'entretenir indirectement quelque chose de plus systématiquement vicieux que la prostitution de Londres.

Les hommes de toutes les castes dans les montagnes sont petits et pauvrement doués quant au physique. Ils paraissent usés et deviennent profondément ridés à un âge comparativement peu avancé. Les jeunes femmes sont souvent extrêmement jolies; celles qui habitent les villages les plus élevés et les plus froids, ont à quinze ou seize ans le teint aussi clair que la plupart des Espagnoles et des Italiennes, et des traits parfaitement réguliers. Elles deviennent beaucoup plus foncées en vieillissant, et ce ne sont plus à quarante ans que de hideuses mégères, un peu moins horribles seulement que leurs sœurs de la plaine.

Les étrangers qui voyagent dans les montagnes, si

le chemin ne les conduit pas à travers les villages, ne sauraient se douter de la malpropreté et des maladies qu'ils recèlent. Ils présentent en effet, vus d'une certaine distance, tout ce qu'on peut désirer en fait de beauté pittoresque et de bien-être apparent, car dans les endroits où abondent les pierres, le bois et les ardoises, les maisons sont naturellement bâties très-solidement. Je crois que l'amas indescriptible de boue et d'ordures dans ces villages doit parfois affecter sensiblement la santé de leurs habitants; il paraît cependant que ce n'est que dans de certaines conditions d'humidité et de chaleur que la maladie se manifeste. On peut donc trouver des étables à porcs qui n'engendrent point la peste.

Les collines sont situées sous ce qu'on appelle les latitudes de la peste; mais pendant longtemps la maladie connue des indigènes sous le nom de *mahamurree* ou grande mortalité, n'avait été considérée par nos médecins que comme une forme plus maligne de la fièvre typhoïde. Elle s'est montrée pendant le printemps et l'automne dans les montagnes du Kumaon et du Gurhwal et s'est étendue une fois jusqu'aux plaines du Rohilcund; mais je ne l'ai jamais rencontrée et jamais je n'en ai entendu parler dans les montagnes situées au nord de Mussouree. Elle était annoncée d'ordinaire par la mort des animaux domestiques et même des rats et des souris, signe bien connu, dit-on, en Égypte, et un diagnostic plus rigoureux amena bientôt nos médecins à déclarer que la *mahamurree* était identique à la plaie d'Égypte. Dès que le véritable caractère de la maladie fut reconnu, notre gouvernement, en 1852, désigna deux docteurs, tous deux allopathes, c'est-à-dire de l'ancienne école, pour prendre des mesures afin d'arrêter les progrès de la contagion. Leurs médicaments se trouvèrent complétement inutiles ou impuissants pour guérir les personnes atteintes du mal ; mais leurs prescriptions sanitaires, quoique d'une nature qui les rendait possibles seulement en Asie, furent un bienfait pour le peuple en empêchant, dans un grand nombre de localités, la naissance du fléau.

Quand ces docteurs reçurent leur commission, je me trouvais en congé de convalescence à Nynee Taal, dans les collines du Kumaon, d'où l'on pouvait pénétrer facilement dans les districts infectés. J'étais convaincu, d'après ce que j'avais entendu dire de la pathologie de la peste, que sa guérison par le système des draps mouillés enveloppant le corps, ou du cataplasme hydropathique était, humainement parlant, certaine et facile. Aussi, ayant appris qu'un des docteurs commissionnés était sur le point de traverser Almorah, je me présentai en cet endroit et je sollicitai la permission de l'accompagner et d'essayer mon remède sur un des malades que nous pourrions rencontrer. Le médecin avait les idées larges, et c'était un jeune homme parfaitement honnête qui avait eu déjà quelque expérience de la maladie ; il me répondit immédiatement qu'il serait enchanté de ma compagnie et qu'il me laisserait très-volontiers essayer ce que je pourrais faire, attendu que l'emploi des drogues n'aboutissait qu'à faire tomber dans le mépris la science européenne ; l'habileté du médecin n'était d'aucun usage dans des cures pareilles, et le jeune docteur avait déjà préparé son plan des mesures préventives à prendre contre le fléau. Nous nous rendions dans le Gurhwal et nous arrivâmes sans difficulté au bungalow de Suneeana, près de Sohba, dans la province du Gurhwal britannique, vu que j'avais reçu le passe-port nécessaire pour le transport et les provisions du sous-commissaire du

Kumaon, passe-port sans lequel, dans un pareil moment, je n'aurais pu rien obtenir des habitants. Le docteur trouvait naturellement auprès des fonctionnaires toute l'assistance qu'ils pouvaient lui prêter. A Sohba toutefois, nous étions dans un nouveau canton; le *purwanah* et les *chuprassies* du gouvernement furent réservés au médecin tout seul, et après avoir attendu quelques jours, je reçus, en réponse à la demande que j'avais faite du passe-port nécessaire, une lettre de l'autorité locale me refusant toute assistance, par le motif que mon système irrégulier jetterait du discrédit sur le plan patroné par le gouvernement. Cette décision eût été plus raisonnable si le traitement par les drogues n'avait pas échoué déjà. Néanmoins, il n'y avait pas à résister; je ne pouvais courir le risque de voyager, couvert du passe-port de mon ami le docteur, bien avant dans l'intérieur du pays en m'exposant à être comme interné dans la province, sans pouvoir avancer ni reculer, au cas où la fin de mon congé ou bien tout autre cause m'aurait séparé du médecin. Il était en outre obligé de rejoindre le docteur son confrère, dont les opinions médicales n'é-taient point aussi libérales que les siennes, et qui n'aurait pas été pour moi, à cette époque, un aussi agréable compagnon de route. Je restai donc à Sohba dans l'espoir que l'on me signalerait quelque village accessible où la peste aurait éclaté. Dès que les deux docteurs furent éloignés à une bonne distance, des indigènes qui avaient entendu parler du but de mon voyage dans le district vinrent m'informer que la peste venait d'éclater dans le village de Sarkot, à sept milles environ de Sohba; ils avaient caché le fait aux médecins, attendu que jusqu'alors on n'avait pas vu un seul des malades qu'ils avaient soignés revenir à la santé. Il est juste de dire toutefois que, dans tout le canton, je n'ai jamais entendu citer qu'un seul exemple conservé par la tradition d'un homme ayant été sauvé après avoir été attaqué de la peste. Les indigènes sont tellement persuadés que cette maladie est contagieuse et que tout ce qu'ils pourraient faire aux malades est absolument inutile, qu'ils abandonnent ceux qui en sont atteints et s'enfuient des villages qu'ils habitent dès que les symptômes caractéristiques du mal se sont déclarés.

Je commençais à trouver la vie difficile à Sohba; le fonctionnaire local ayant informé l'agent qui m'avait apporté son refus des termes dans lesquels il était formulé, je m'aperçus que j'étais déjà connu des indigènes sous le nom du « *gentleman qui ne devait avoir ni provisions ni coolies.* » Cette distinction peu enviable me faisait éprouver des difficultés même pour me procurer de la farine grossière pour ma nourriture. Si j'avais prévu cet embarras, j'aurais pris naturellement mes précautions en conséquence.

Je partis néanmoins pour Sarkot, déterminé à dresser ma tente non loin de là, et je pris un certain nombre de couvertures, de draps, etc., que j'avais apportés dans mes bagages. Je recommandai aux indigènes du voisinage de rapporter au commissaire tout ce que je faisais et les endroits où j'allais, afin de prévenir tout malentendu avec le fonctionnaire local ou les médecins. Une épizootie générale avait désolé le Gurhwal pendant cette saison, et non-seulement les environs du village, mais encore des places nombreuses le long de la route se trouvaient empestés par les émanations putrides des carcasses des bestiaux étendues çà et là. Je rencontrai dans le jungle, sur le chemin de Sarkot, le *pudhán* ou chef du village, qui s'était enfui avec les autres. Il me dit que la peste s'était montrée dans son village pendant trois ans de suite ; il avait perdu sa femme l'année précédente, mais il en avait épousé une autre. Cette année, six cas de peste s'étaient déclarés avant la fuite des habitants dans les bois ; quatre cadavres avaient été enterrés, le cinquième gisait dans une des maisons et servait comme d'épouvantail pour garder les habitations désertes, et quant au sixième (frère du *pudhân* lui-même), on supposait qu'il vivait encore, n'étant malade que depuis trois jours seulement.

Je proposai au chef du village de m'accompagner pour soigner son frère, mais je ne pus surmonter chez lui la terreur qu'avait produite la coutume et le mauvais exemple. La coutume (*dustoor*) est un argument sans réplique pour un indigène. Il me répondait : « Monsieur, dans cette maladie, le fils abandonne son père, le père son enfant et le mari sa femme ; ma femme et mes enfants ont fui avec moi, et quand je devrais être pendu pour mon refus, je ne consentirais pas à toucher mon frère. » J'avais heureusement, parmi mes domestiques, un indigène de la dernière caste, qui était né dans les plaines et n'avait jamais vu la peste. Il consentit pour cinq roupies à m'aider à soigner le

malade, et le lendemain, je fis porter tous les engins
nécessaires sur le bord d'un ruisseau près de Sarkot.
Un indigène me fournit un des châssis à cordes sur
lesquels ils font dormir leurs chèvres pendant la saison
des pluies, et bien qu'il fût d'une saleté repoussante,
cé fut le seul lit que je pus me procurer en cet endroit.
J'avais déterminé le *pudhán* à venir avec moi près du
ruisseau, mais il ne voulait point entrer dans le village,
et s'il consentait à appeler son frère pour le faire venir,
au cas où il vivrait encore, il y mettrait pour condition
que je ne le retiendrais pas quand son frère viendrait
à se montrer.

Sarkot paraissait contenir environ cinquante maisons et une centaine d'étables à vaches, le tout pêle-
mêle comme à l'ordinaire. On ne voyait aucune créature vivante dans le village ; mais je n'y entrai point
à cause de l'air empesté qui se dégageait des cadavres
des bestiaux morts de l'épizootie.

D'abord aucune réponse ne fut faite aux cris du *pudhán* qui appelait son frère, et je commençais à penser
comme lui que le malade avait été pris d'un accès furieux d'épouvante et qu'il s'était enfui dans les jungles.
Il me disait que son frère, dont le nom était Jowharo,

avait, le second jour de la maladie, mis le feu à une étable voisine de sa maison, mais que le propriétaire l'avait chassé à coups de pierres pour l'empêcher de l'infecter et avait éteint l'incendie.

Tout à coup, cependant, plusieurs des villageois qui étaient venus avec nous commencèrent à s'éloigner, et le chef du village, tout en battant en retraite, m'indiqua, non loin des maisons, un buisson derrière lequel, en m'approchant, je trouvai le malheureux Jowharo, pauvre misérable qui semblait effarouché de la présence de ses semblables, en même temps que les lignes marquées par ses pleurs sur son visage racontaient la longue histoire de sa douleur solitaire.

Son pouls battait quatre-vingt-seize pulsations; il était miné par une fièvre lente et son cou présentait une enflure grave. Une heure après qu'il avait été enveloppé dans les draps humides, le pouls ne battait plus que vingt-six pulsations à la minute, et après deux jours de soins et de traitement, il se trouvait en pleine voie de guérison. J'appris alors que les deux médecins étaient revenus à Sohba, pour se diriger de là sur Chuprakote. J'allai immédiatement leur faire mon rapport et les engager à venir juger du fait par eux-mêmes;

mais ils venaient d'apprendre que de nombreux cas de peste avaient éclaté dans un endroit appelé Bounghar, et, après m'avoir donné quelques détails intéressants sur les expériences qu'ils avaient faites, ils me quittèrent pour aller à Bounghar, tandis que je revenais à ma tente près de Sarkot.

Jowharo fut bientôt parfaitement guéri ; mais pas un habitant du village ne voulut le toucher avant qu'il eût été en pèlerinage à Budrinath se faire purifier par les brahmines. Je n'avais pu me procurer que difficilement, même en payant, ce qui m'était nécessaire pour vivre chez les indigènes de l'endroit, et, comme son frère me promit de louer pour moi des coolies qui me ramèneraient dans la province de Kumaon, je laissai mes couvertures à mon malade et je revins sur mes pas. J'ai su depuis qu'une commission de médecins français, dans un rapport sur la quarantaine, avait déclaré que les seuls cas satisfaisants de guérison de la peste d'Égypte qu'ils eussent rencontrés avaient été traités par l'hydrothérapie.

Maintenant, les principes et la pratique de ce système sont si généralement connus que, si quelque voyageur les ignore, il peut acquérir sur ce point toutes les connaissances nécessaires en huit jours. Je sais, par expérience, qu'on peut apprendre aux domestiques indigènes l'opération de l'*empaquetage* en une demi-heure, de sorte que si un chasseur peut toujours, dès qu'il entend parler de la peste, éviter, quand il le juge convenable, la localité où elle sévit, je ne crois pas que l'apparition du fléau soit un motif suffisant pour abandonner un bon pays de chasse.

En ce qui regarde la question de la possibilité de la colonisation anglo-saxonne dans l'Himalaya, je sais que le sujet a momentanément perdu de son importance, grâce à la bonne entente que nous avons entretenue avec les grands feudataires indiens et à la sûreté que nous avons acquise au prix de la concession des principes de la doctrine anglaise, vis-à-vis des mœurs et coutumes de l'Asie. Néanmoins, il peut être intéressant d'examiner si cette question est susceptible d'une solution pratique.

J'ai parcouru moi-même la plus grande partie de nos montagnes, — à l'exception des prairies situées autour de Cachemire et que je ne connais point personnellement; — mais je crois que les renseignements les plus pratiques que l'on puisse obtenir sur ce sujet sont ceux de M. Wilson, connu dans le monde européen sous le *nom de plume* du « *montagnard*, » par les articles qu'il fournit à la *Calcutta sporting Review*. Il est parfaitement décrit dans l'ouvrage du colonel Markham sur la chasse dans l'Himalaya. Il était, dans le principe, arrivé aux Indes comme simple cavalier du 3e dragons; il prit le goût des chasses dans l'Himalaya pendant un congé de convalescence où il avait visité Landour, et, lorsqu'il fut de retour dans le Yorkshire, saisi d'un violent désir de revoir la région lointaine aux pics neigeux, il fit de nouveau le voyage de Calcutta, et vint à pied s'installer dans sa demeure actuelle sur les montagnes, non loin de la source du Gange, dans un village qu'il reçut de l'ancien rajah de Teeree, où il avait résidé pendant plusieurs années. Sa connaissance des indigènes, du pays, et des moyens d'y assurer son existence ou son indépendance est naturellement parfaite; et je suis convaincu, par les renseignements que j'ai reçus de lui et par ma propre expérience, que la colonisation, dans l'acception ordinaire du mot, est impossible.

La nature physique du pays est un obstacle aux travaux ordinaires de l'agriculture, si ce n'est sur l'échelle minime déjà monopolisée par les indigènes, et un simple ouvrier ne pourrait soutenir la concurrence contre leurs prix. Sans doute un système d'établissement militaire, la localisation d'un corps de carabiniers européens avec leurs femmes et leurs enfants, pourraient être effectués par l'assistance libérale du gouvernement; mais le succès, au point de vue pécuniaire, par rapport aux hommes eux-mêmes ou à leurs maîtres, serait au moins problématique. Il y a néanmoins un champ infini ouvert aux entreprises des Anglais dans la culture du thé et dans le commerce avec le Thibet et l'Asie centrale. Les pentes de l'Himalaya présentent un espace assez étendu pour fournir de thé toute l'Europe et l'Inde entière, et les rapports actuels sur le placement des capitaux consacrés à cette culture, donnent plus de cent pour cent avec une demande qui doit, pendant de longues années, rester illimitée.

Je parle du borax et de la laine dans un des chapitres suivants; je crois, toutefois, qu'un article d'une importance infiniment plus grande a été jusqu'à présent négligé étrangement. Presque tous les animaux qui habitent l'Hundès, excepté le mouton domestique, se couvrent, pendant l'hiver, d'un duvet de laine appelé

pushum par les indigènes, lequel est d'une finesse ex-
quise et surpasse de beaucoup en qualité, sinon en longueur de brin, toutes les laines de l'Europe. On l'obtient en très-grande abondance de la chèvre à châles, et
il s'emploie en quantité dans la fabrication des fameux
tissus de Cachemire. Mais les chiens et les loups du
Thibet, le mouton sauvage et même le yak possèdent
plus ou moins de cette laine en duvet. Elle ne circule
à présent qu'entre les marchés à laines des bords de
l'Indus dans le Thibet et Cachemire, où l'on emploie
une partie de ce produit pour fabriquer les châles, tandis que le reste se perd principalement dans la composition de l'étoffe épaisse et douce que les habitants du
pays nomment *pushmeena*. Si cette marchandise venait
à être demandée, les innombrables commerçants indigènes de ces vallées neigeuses passeraient des marchés
pour la faire venir en quantité de Gartok et de Daba;
et la meilleure preuve qu'elle peut supporter la dépense
du voyage, à travers les défilés, au moyen des chèvres,
des mules et des moutons, c'est que la laine du mouton
commun supporte à présent cette dépense. Le *pushum*
est un article encore presque inconnu en Angleterre,
attendu qu'il est interdit aux officiers civils et militaires

de Sa Majesté, sous peine de destitution, d'entreprendre aucune spéculation agricole ou commerciale dans le pays. Mais je crois que tout négociant anglo-saxon qui apportera son énergie et ses capitaux pour entrependre le commerce des laines de *pushum* du Thibet à travers nos montagnes, en veillant à ce que les produits de sa fabrication conservent leur caractère distinctif à la vue et au toucher, rivalisera bientôt pour la nouveauté et l'importance de ses tissus avec les célèbres étoffes d'alpaca de Saltaire.

CHAPITRE VIII

QUELQUES EXPÉRIENCES DANS LES MONTAGNES

Plantation et fabrique de thé à Gwaldung. — Je tue un cerf aboyeur
et un cerf des montagnes. — Les mouches des sables. — Un chevrotain porte-musc. — Jungle de buis gigantesque. — Je tue un
ours et prends une chèvre sauvage. — Le miel empoisonné et la
procession des coolies ivres. — Le voyage pendant les pluies. —
Chiens et léopards. — Les sangsues.

Les provinces de Kumaon et de Gurhwal sont admirablement favorables à la culture du thé. L'escarpement
des pentes des montagnes permet aux planteurs européens d'établir leur habitation à une hauteur de six ou
sept mille pieds, où ils jouissent de la température de
l'Angleterre, en même temps qu'ils ont sous la main
leurs plantations, qui ne doivent jamais remonter au
delà de cinq mille pieds.

On trouve dans le Gurhwal et dans le Kumaon une grande quantité de terres inoccupées et disponibles pour y installer des plantations de thé. Les conditions auxquelles elles sont concédées à cet effet par le gouvernement sont extrêmement avantageuses. Dans un endroit appelé la forêt de Gwaldung, dans le Gurhwal, je rencontrai une location qui avait été prise par un jeune Anglais pour y planter du thé. Le jardin à thé du gouvernement, situé à Ayartoli, était à un jour de marche, et le jardin de Paoree à deux ou trois jours de marche environ de l'autre côté. Notre jeune planteur avait eu l'idée très-sensée de consulter quelques-uns des Chinois employés dans le jardin du gouvernement, sur le meilleur site à choisir pour y établir une plantation. Les Chinois, qui sont de très-ardents chasseurs et parcourent de très-longues distances à la poursuite du gibier, lui indiquèrent Gwaldung comme une des locations les plus avantageuses qu'ils eussent jamais vues. Je recommande cette manière de choisir un site aux émigrants qui auraient l'intention de venir dans l'Himalaya pour cette fin. Il obtint alors du sous-commissaire la permission d'ériger des piliers pour bornes aux points qu'il avait choisis à cet effet; aucun village n'avait des terres dans le voisinage, aussi l'affaire ne présenta point de difficultés. Suivant la règle mise en vigueur par le gouvernement à cet égard dans les deux provinces, toute terre stérile ou couverte de jungles dans les limites tracées lui fut accordée libre de toute redevance; il ne devait également rien payer pour toutes les terres à thé pendant quatre ans. Après ce temps, ces dernières sont soumises à une redevance d'un *auna,* ou un penny et demi par acre pendant la première année, de deux aunas pendant la seconde, de trois aunas pendant la troisième et ainsi de suite. Mais le gouvernement s'est engagé à ne jamais prendre plus de seize aunas, soit deux shillings, par acre, et comme il faut vingt ans pour atteindre ce maximum, pendant lesquels tout le reste de la location demeure franc d'impôt, tant que la redevance pour la partie cultivable est payée, le prix de la terre, comparé aux profits de la culture du thé, est très-minime.

Il est nécessaire, dans les endroits où la pente de la montagne est très-escarpée, de former en terrasse toute la terre cultivée, au moyen d'une série de petits murs bas en pierres qui composent comme les marches d'un escalier gigantesque et procurent des bandes étroites de terre unie pour les champs de thé. Il en résulte que si des pluies torrentielles emportent la terre d'un champ supérieur, elle n'est rejetée que sur le champ inférieur voisin et ne va point se perdre dans le ravin le plus proche. Dans la plupart des villages, on rencontre de grandes étendues de champs en terrasse qui restent sans culture et pourraient être louées à ceux qui les possèdent avec des baux à long terme, moyennant trois ou quatre aunas par an. Les planteurs obtiennent gratuitement, des jardins du gouvernement les plus voisins, tout le thé en plants et en graines qui se trouve disponible. L'arbre à thé met quatre ans à parvenir à une hauteur suffisante pour la cueillette, et il produit alors, en moyenne, de quatre-vingts à cent soixante livres de thé manufacturé par acre. Il se vend à présent sur place trois ou quatre shillings la livre, ce qui explique suffisamment pourquoi il n'en parvient jamais que peu ou point en Angleterre.

On peut se procurer facilement des ouvriers à raison de quatre roupies ou huit shillings par mois; et des Indiens ayant appris des Chinois importés par le gouvernement l'art de griller le thé, peuvent être engagés à raison d'une livre sterling ou d'une livre et demie sterling par mois. C'est ainsi que s'explique le fait que tous les planteurs de thé réalisent à présent de deux à trois cents pour cent sur le capital qu'ils ont placé, et que tout planteur qui peut consacrer à cette industrie son travail personnel et deux ou trois mille livres, a le droit de compter certainement sur un revenu annuel de deux ou trois mille livres pendant les quinze premières années au moins. En effet, les limites de la demande pour l'Inde ne sauraient guère être atteintes avant cette époque, sans parler des facilités de transport pour l'Europe que procureront bientôt les chemins de fer. A six pence la livre, la culture et la fabrication se trouveraient payées, et dans aucune hypothèse concevable en ce moment, le prix de vente ne pourrait tomber au-dessous de deux shillings en dix ans ou d'un shilling en vingt ans.

Le temps où l'on est le plus occupé pour la fabrication du thé est compris entre avril et septembre ; pendant le cours de ces sept mois, il y a toujours quelque chose à faire soit pour préparer, soit pour empaqueter la récolte du printemps et celle de l'automne. Le planteur peut avoir ainsi cinq mois de congé dans l'année, d'octobre à mars, s'il laisse un homme de confiance surveiller les travaux à sa place. Les jeunes feuilles qui poussent pendant la première période ont toutes une teinte brune qu'elles perdent quand on les laisse sur l'arbre quelques semaines; ce sont les seules feuilles bonnes pour faire le thé; les feuilles adultes ne donnent qu'une infusion ne valant guère mieux que celle du foin. Aussi quand la cueillette vient d'être faite sur un arbre, paraît-il au premier aspect aussi garni et aussi touffu que jamais. La récolte ne commence que dans la quatrième année de la croissance de la plante, quand elle a deux ou trois pieds de haut, et l'enlèvement des boutons et des rejetons pour la fabrication du thé maintient à cette hauteur la plantation tout entière.

Il y a naturellement divers degrés de qualité. entre les feuilles les plus jeunes et les meilleures et les feuilles adultes qui sont inutiles. Elles sont toutes cependant cueillies ensemble, et apportées dans les mêmes paniers aux séchoirs, où l'on en remet une partie à ceux qui font le thé noir et une partie à ceux qui fabriquent le thé vert. Le thé noir se frise en se grillant dans des bassins de fer, et quand il est complétement desséché, la nature différente des feuilles qui le composent devient manifeste à première vue. On recueille dans l'Inde quatre espèces de thé noir. Les feuilles les plus grossières et les plus mal frisées sont séparées d'abord au tamis, et forment la qualité la plus commune du thé noir, appelé « *bohea.* » Les trois autres qualités se choisissent à la main et constituent le « *pouchong,* » le « *souchong* » et le « *fin souchong.* »

Les feuilles destinées à faire le thé vert exigent plus de manipulations que les autres. Elles sont roulées et frisées en grande partie à la main sur une table, et quand toute la séve en a été retirée, elles sont séparées en poudre à canon (la meilleure qualité), en jeune hyson et en peau d'hyson.

La différence de la couleur des thés verts et noirs est quelquefois développée par le fait que les parties employées pour le thé noir sont conservées, avant la dessiccation par le feu, un peu plus longtemps que les feuilles destinées à donner le thé vert. Mais elle dépend en grande partie de la manipulation que les ouvriers font subir aux feuilles quand elles sont dans les bassins du séchoir, puisqu'ils peuvent changer un panier de feuilles cueillies au même endroit et séchées en même temps, moitié en thé noir et moitié en thé vert.

Les petites gelées qui ont lieu en hiver, à une éléva-tion de cinq mille pieds dans l'Himalaya, ne font aucun mal à l'arbre à thé. Il n'est jamais attaqué de la rouille, et ne souffre point des alternatives des bonnes et des mauvaises saisons qui affectent l'indigo, le sucre et l'opium.

Les diverses plantes dont les fleurs et les feuilles servent, en Chine, à donner au thé du parfum, ont été introduites dans nos plantations de l'Inde; mais je n'ai jamais ouï dire qu'elles aient été employées dans cette même intention. Le gouvernement désire avec raison que le thé qui sort de ses manufactures soit parfaitement pur, et s'oppose même à ce que le parfum naturel en soit modifié. Quand les spéculateurs parti-culiers entreprendront plus sérieusement le commerce du thé dans les Indes, ils fourniront sans doute au pu-blic ce qu'il achète avec le plus d'empressement, comme les Chinois qui n'hésitent pas à accommoder quelques-uns de leurs thés verts avec du bleu de Prusse et du gypse, tout en exprimant la plus grande surprise de ce que le goût barbare de leurs clients préfère une composition pareille.

Mon ami n'avait fait que dresser sa tente sur un

monticule couvert de gazon dans une éclaircie de la forêt, et il commençait tout à la fois à bâtir un bungalow, à semer du thé et à sécher du bois au feu ; aussi, presque chaque jour, il recevait la visite de cerfs des collines et autres animaux des montagnes. Son domestique indigène, qui avait du goût pour la chasse, lui apporta, pendant que je me trouvais là, quelques faisans qu'il avait tués avec le fusil de son maître. Je fis un tour dans les jungles des environs et je tuai un cerf aboyeur à deux cents mètres de la location, et un peu plus loin, un cerf des montagnes presque aussi haut qu'un cheval de Galloway. On trouve généralement ces animaux à une élévation modérée, comme celle de Gwaldung, qui est de cinq mille pieds, parce qu'ils y trouvent la nature de forêt et de nourriture qu'ils affectionnent le plus.

En descendant de Gwaldung, à la rivière Pindnee, nous fûmes persécutés par une petite espèce de mouche qui, bien qu'à peine perceptible, tant ses proportions sont minimes, produit cependant par sa morsure une irritation vive et laisse une tache noire de sang coagulé sous la peau. Elles ne se montrent que dans les vallées chaudes, et si leur tatouage est presque invisible sur une peau noire, elles donnent un curieux piquant à la figure et aux mains d'un Européen, et prêtent un caractère audacieux et expressif au nez qu'elles gonflent et couvrent de mouchetures.

A Ramnee, à quatre marches au nord de Gwaldung, je rencontrai un bon terrain de chasse pour les faisans bleus et les chevrotains porte-musc ; je tuai là un de ces derniers animaux. Le poil du chevrotain porte-musc, comme celui de la plupart des cerfs qui vivent dans la neige, se compose de tubes gris et blancs qui sont extrêmement cassants ; mais chaque brin est si large que l'on distingue parfaitement le trou intérieur quand l'un d'eux vient à être brisé. Cette précaution de la nature permet à ces animaux de se coucher sur la surface de la neige glacée sans perdre leur chaleur vitale et sans souffrir de l'influence engourdissante de leur lit, comme le cas aurait lieu, n'était le coussin d'air naturel qu'interpose leur épaisse enveloppe de poils, en même temps que près de la peau se trouve, comme un second vêtement, le chaud duvet de laine *pushum*. Le sac à musc ou follicule, comme on dit en langage technique, n'est porté que par le mâle ; il est environ de la grosseur d'un œuf et situé sous la peau, entre l'orifice de l'urètre et les daintiers. Quand on l'ouvre, le musc ressemble à des pilules de rhubarbe, et contient parfois de petits brins d'herbes sèches, bien qu'il soit difficile de concevoir comment l'herbe parvient là. Le follicule contient habituellement une ou deux onces de musc qui valent trente shillings l'once, attendu que cette substance sert de base à un grand nombre de nos parfums anglais. Mais comme ces animaux jettent leur musc dans de certaines saisons, la poche se trouve quelquefois presque vide. M. Wilson m'a dit avoir tué, lui et ses chasseurs, en une saison, cent cinquante chevrotains porte-musc.

Au delà de Ramnee, à un endroit appelé Sem Khurruck, je rencontrai un bois ou mieux un jungle de buis que je recommande à l'attention des deux journaux illustrés de Londres, ou de toute personne ayant à faire des gravures sur bois d'une étendue considérable. Les arbres étaient aussi hauts que les sapins d'Angleterre, et quelques-uns avaient l'épaisseur du corps d'un homme. Les indigènes appellent ce bois *pábur lukeree*, et quiconque en a besoin peut en couper une quantité indéterminée, sans empêchement aucun et sans obstacle. Le seul usage auquel les gens du pays l'appliquent consiste dans la fabrication des peignes pour leur usage personnel. Je sais encore une autre place dans l'Himalaya où se trouvent des buis d'un développement pareil, et si l'on donnait commission à quelqu'un au courant des localités, on pourrait se procurer, pour la gravure, des blocs d'un poids de soixante livres, c'est-à-dire la charge d'un homme, qui ne coûteraient absolument rien que le sciage et le transport jusqu'au Gange.

Il y a, sur les bords du lac d'Evanee, à cinq milles plus loin que Sem Khurruck, des cerfs de la grande espèce et des ours noirs. Un jour que je chassais le faisan moucheté avec un chasseur du pays appelé Leopooree, sur une colline au-dessus de Kowar, je rencontrai un ourson que je tuai, et mes hommes prirent une jeune chèvre sauvage que j'élevai pendant quelque temps en lui donnant pour nourrice une chèvre domestique; mais elle périt plus tard à la suite de longues marches dans les pluies. Le domestique indigène qui s'était emparé de cette chèvre était un coolie de la plus grande taille, sinon de la plus grande beauté, qui portait sur la tête une espèce de touffe hérissée comme une queue d'yak, et je me rappelle qu'il se mit à se plaindre amèrement de la nature et de la qualité des provisions qui nous avaient été fournies au village dans lequel nous nous étions arrêtés, et qu'il disait entre autres choses que sa chevelure se trouvait complétement perdue faute d'huile pour la graisser.

Comme je traversais le ruisseau de Birch Gunga entre le Tâl de Goodyar et le village d'Elanee, quelques-uns de mes hommes me montrèrent un énorme gâteau de miel suspendu à un rocher en surplomb à une centaine de pieds au-dessus de nos têtes, qui le couvrait complétement comme un toit et le rendait absolument inaccessible. Les villageois me dirent qu'un Anglais, l'année précédente, y avait lancé une balle de sa carabine, mais qu'il n'y avait fait qu'un petit trou par lequel avaient coulé quelques gouttes de miel seulement. Je vis tout d'abord qu'en frappant la surface du rocher juste au-devant du rayon de miel, la balle de ma lourde carabine irait s'aplatir comme une feuille de papier, et détacherait le miel du rocher; je tirai en conséquence mes deux coups à la même place. Aussitôt s'écroula la plus grande partie du rayon avec un ruisseau de miel et un nuage d'abeilles furieuses. Nous prîmes tous la fuite immédiatement, les coolies jetant leur charge et cherchant un refuge dans les fourrés, pendant qu'un troupeau de chèvres qui descendait la rive opposée se trouvait dispersé dans toutes les directions. De temps en temps, un hurlement grave des chiens préposés à leur garde prouvait que les abeilles avaient découvert que leur nez, du moins, n'était pas couvert de poils. Il suffit de s'envelopper complétement dans une couverture pour être à l'abri des piqûres, vu que l'aiguillon n'est pas assez long pour traverser l'enveloppe et percer la peau; et comme tous les coolies portent des couvertures, très-peu d'entre eux, comparativement parlant, se trouvèrent piqués. Dès que les abeilles commencèrent à bourdonner de nouveau autour des restes du gâteau suspendu au rocher, les indigènes déclarèrent que tout danger était passé, et se précipitèrent pour recueillir le miel qui en découlait. Les villageois du voisinage s'emparèrent des plus larges morceaux du rayon, qui étaient, à leur avis, un remède puissant pour les maladies des bestiaux; quant à mes coolies, qui ne reconnaissaient point la nature du miel qu'ils recueillaient, ils ramassèrent de la partie liquide le plus qu'ils purent en trouver et se mirent tous à en manger. Je ne fis qu'y goûter, attendu que le miel se trouvait mélangé d'herbes et de gravier, mais je remarquai que les abeilles étendues çà et là autour de nous étaient d'une espèce beaucoup plus grosse que toutes celles que j'avais vues jusqu'alors, et bientôt le miel manifesta de tristes effets parmi les coolies, qui se mirent à chanceler comme dans l'ivresse. Nous avions gravi un étroit sentier entre deux pentes escarpées; la plupart des coolies qui avaient mangé du miel avaient abandonné leurs charges au bas de la colline, mais il leur restait encore assez de bon sens pour comprendre que s'ils continuaient plus longtemps à chanceler comme ils avaient fait jusque-là, ils tomberaient dans le précipice. Aussi le premier qui ouvrit la marche descendit gravement à quatre pattes, les autres imitant son exemple et, parmi les éclats de rire de leurs camarades plus sobres, les coolies enivrés remontèrent l'escarpement en procession solennelle. Il va sans dire que ceux qui n'avaient pas réussi dans leur tentative pour se procurer du miel comme les autres, et qui ne se trouvaient point malades, ne laissèrent point échapper cette occasion de s'étendre sur les inconvénients de la gloutonnerie. Les villageois eurent alors seulement l'attention bienveillante de nous informer que le miel en question était empoisonné, et qu'ils ne l'employaient que comme médecine.

Pendant mon dernier voyage dans le Thibet, où j'avais eu l'intention de rester jusqu'à ce que la saison des pluies fût passée dans les montagnes, je me trouvai si fatigué de vivre entièrement seul sans un compagnon européen avec qui je pourrais parler ou pratiquer l'anglais, que je résolus, bien que les pluies fussent alors dans toute leur force, de partir de la région des neiges et de traverser la région des pluies pour regagner Mussouree. J'avais quelque désir de tenter cette expérience et de constater par moi-même s'il était possible de voyager pendant cette saison. Je trouvai que le seul moyen de se conserver en bonne santé dans un pareil voyage, dépendait de la possibilité de se procurer un abri sec pour sécher ses vêtements et passer la nuit. La pluie tombe par torrents pendant presque tout le jour et toute la nuit; aussi devient-il impossible de se maintenir à l'abri de l'humidité depuis le moment où l'on se met en marche après le déjeuner, jusqu'à celui où l'on arrive au village désigné pour la halte du soir. Il est impossible également de dresser une tente ou de dormir sous ses plis humides quand elle est dressée. Aucun indigène, quels que soient vos embarras ou vos ennuis, ne consentirait à vous donner asile, à moins qu'il ne vous prenne pour un des fonctionnaires du canton; c'est pourquoi le seul plan à suivre consiste à se diriger au plus vite vers le premier abri venu qui se trouve inoccupé par les villageois, puis à y faire du feu pour les gens de sa suite. Naturellement, il faut payer largement le bois à brûler et les égards que daignent vous accorder les gens apathiques de ces contrées; ils ne songent, toutefois, jamais à se montrer utiles ou agréables que quand ils en ont reçu l'ordre d'un ton impérieux. Je m'étais fait une loi de payer une roupie ou deux shillings pour une nuit dans tout endroit que j'occupais, et bien que cette somme pour un villageois eût suffi à payer le loyer d'une année, je crois que les propriétaires aimeraient mieux encore, lors même que ces conditions leur seraient garanties, empêcher les voyages et exclure les étrangers.

Un malade qui arriverait dans un village indigène, s'il ne se trouvait personne de sa caste, pourrait mourir au pied du premier arbre sous lequel il se serait couché, sans obtenir le moindre secours des habitants.

Pendant toutes mes tournées de chasse, je n'ai jamais rencontré plus d'une demi-douzaine de léopards dans les jungles. Ils se cachent avec tant de soin que, même dans les endroits où ils abondent et causent de sérieux dommages aux chiens et aux chèvres, ils sont pris souvent dans les piéges, sans se laisser jamais apercevoir par le chasseur.

Je voyageais un jour pendant les pluies, suivi de mon valet de chiens, qui menait en laisse un jeune chien du Thibet, d'une taille assez forte, appelé Pluton, lorsqu'une courte lutte et un cri du chien me firent tourner la tête juste assez à temps pour voir un léopard qui avait bondi sur Pluton du milieu des herbes épaisses dont le chemin était bordé, et qui descendait au plus vite l'escarpement vers la vallée. La bête nous avait évidemment suivis depuis quelque temps pour trouver une occasion de s'emparer du chien ; mais elle avait manqué son coup. Toutefois, sans se montrer déconcerté le moins du monde, le léopard remonta tranquillement sur la hauteur qui dominait notre route, et se mit à courir en suivant un chemin parallèle au nôtre; ses yeux affamés ne pouvaient se lasser d'admirer les belles proportions de Pluton; mais une balle qui lui arriva de mon revolver dans l'estomac le détourna de la contemplation de cette nourriture, plus facile à digérer que l'autre.

Un officier qui habitait les montagnes m'a raconté qu'un de ses amis lui avait envoyé une levrette favorite qui devait, d'après l'avis du médecin, passer la saison chaude dans un climat tempéré. Un jour, le domestique la promenait de long en large sur une allée sablée, en face de la maison, tandis que l'officier lui-même était occupé à les regarder, quand un léopard s'élança de derrière un buisson voisin, et bien qu'il ne réussît pas à saisir le chien lorsqu'il bondit derrière le domestique, il lui fit sur le flanc une égratignure qui montrait l'imminence du danger auquel la pauvre petite bête venait d'échapper. Elle n'avait poussé, néanmoins, aucun cri de surprise ou d'épouvante, comme si elle eût été stupéfiée et forcée au silence par la grandeur du péril; mais elle ne fut pas plutôt rentrée dans la maison, derrière la porte bien fermée, qu'elle se dédommagea de la contrainte qu'elle s'étai imposée en poussant des hurlements prolongés pen-

dant quelques minutes, et en s'abandonnant tout entière à une attaque de nerfs dans les règles, visible pa-
rodie de certaines organisations féminines plus sen-
suelles que sensibles.

Dès que les pluies commencent à tomber régulièrement en leur saison, le gazon et les jungles, sur toutes
les montagnes, se couvrent de petites sangsues qui,
lorsque vous marchez sous un costume quelconque
autre que le jupon des Écossais, montent dans le pan-
talon, descendent dans les bas et se gorgent de sang
avant que l'on se doute de leur arrivée. Leur morsure
est à peine visible, mais l'irritation qu'elle amène ensuite est intolérable. Elles ont l'étrange fantaisie de se
fixer dans les narines des chiens, où elles produisent
un chatouillement qui les oblige à se frotter continuellement le nez avec leurs pattes. Elles vivent ainsi
en sûreté dans leur étroite retraite jusqu'à ce que,
dans un moment d'oubli, elles laissent pendre leur
queue hors des narines de l'animal. Le maître alors
saisit l'extrémité de la queue avec des pinces et leur
fait lâcher prise au moyen d'un peu de sel, ou bien
encore les arrache au prix d'un long hurlement du
pauvre animal dont elles avaient fait leur victime.

CHAPITRE IX

DANS LES NEIGES

Rareté du *bunchowr* ou yak sauvage. — Le cours de la rivière Dhowlna.
— Lavage de l'or. — Le gin. — La route de la rivière Yong et ses
difficultés. — Les mulets substitués aux coolies. — Surjoo le chasseur. — Traité avec de nouveaux coolies. — Passage du défilé de
Chor Hoti.

J'avais, en 1858, tué en différentes fois toutes les variétés ordinaires du gibier de l'Himalaya, et je désirais
vivement employer une partie d'un congé de six mois
que j'avais obtenu après les révoltes, à me procurer les
espèces plus rares des animaux du Thibet, entre autres
et plus spécialement le bunchowr ou yak sauvage et
le nyan ou mouton sauvage (*ovis ammon*). Le major
Alexandre Cuningham, du Génie-Bengale, parle du
bunchowr dans les termes suivants, que nous emprun-
tons à son *Traité physique, statistique et historique sur*

Ladak et les pays environnants, publié par Allen et Cᵉ, en 1854, p. 197 :

« Le yak sauvage, brong ou dong, habite, dit-on, les grandes prairies qu'arrosent dans leur cours supérieur la Sutly et le Sangpo.

« Les gens du pays croient généralement à l'existence de ces animaux, mais je n'ai jamais pu me procurer une seule de leurs cornes ni trouver quelqu'un qui ait vu réellement un de ces yaks sauvages en vie. On a dit à Vigne qu'on pouvait en rencontrer au nord et à l'est du Garo, dans le canton de Guari.

« Comme le yak domestique a été apprivoisé depuis un temps immémorial, on est fondé peut-être à révoquer en doute l'existence dans le même pays de troupeaux sauvages de ces animaux ; cependant la prédominance générale de cette croyance vaut la peine d'être signalée. »

Or le yak domestique connu sous le nom de chowr-gai est un animal du plus noble aspect, si on le compare au bœuf commun de l'Inde ; mais on peut juger de la taille du bunchowr par le mot des indigènes que « le foie d'un yak sauvage est une charge pour le yak domestique. »

Je résolus donc d'aller chasser le yak sauvage dans les vallées couvertes de neige où la Sutledge prend sa source entre l'Himalaya et les Kailas ou la chaîne de Gangree.

Pour exécuter ce plan, je gagnai, le 17 juin 1858, avec l'intention de pénétrer dans le Thibet, la vallée de Dhowlna, dans le canton de Gurhwal, laquelle se dirige vers le défilé de Niti et plusieurs autres passages plus dangereux à travers les neiges. J'avais auparavant traversé le défilé de Borenda, dans la vallée de Buspa, et visité Kanawur, en revenant par Rampoor et par la vallée de la Sutledge, au point où cette rivière se fraye une route à travers l'Himalaya. Je pense que le récit de ce dernier voyage sera la meilleure description possible des plaisirs et des périls que l'on trouve à voyager dans cette partie du monde, et qu'il pourra servir à indiquer les cantons les plus favorables pour chasser le gibier du Thibet.

On peut supposer que les vallées de neige commencent à la ville de Joshimuth, située au confluent du Vishnoo Gunga et de la Dhowlna. De là, en suivant la rive gauche de la Dhowlna, un sentier escarpé en de certains endroits nous amena par une marche d'environ dix milles à Tuppobun, et le lendemain nous nous arrêtâmes à une petite hôtellerie ou cabane, au toit bas, de douze pieds carrés, à Summunghenta. Cette hôtellerie est assez en avant dans les vallées de neige pour être dans une certaine mesure à l'abri des pluies périodiques qui, bien que tombées en abondance un peu plus loin vers le Sud, n'avaient pas traversé les montagnes plus hautes, ni grossi les ruisseaux jusqu'aux villages situés dans les neiges. Au plus fort de la saison des pluies, néanmoins, des nuages remontent dans toutes ces vallées jusqu'au pied des défilés, et la pluie tombe souvent, sinon d'une façon constante, sous la forme de nos brouillards d'Écosse.

A Summunghenta, la Dhowlna reçoit un petit ruisseau sorti d'une vallée de neige, qui paraît n'avoir pas encore été explorée. On la désigne sous le nom de Gorge de la fumée ou de la vapeur; ses contours sont assez indécis sur nos cartes, et les indigènes du voisinage disent qu'ils ne l'ont jamais traversée, attendu qu'elle n'offre aucun sentier praticable, qu'elle ne renferme rien et qu'elle ne conduit nulle part! Le ruisseau qui en sort est toutefois des plus impétueux et brise dans son cours les rochers de quartz qu'il entraîne aussi;

chaque année, plusieurs Dhunias, ou laveurs d'or, viennent le visiter pour extraire de l'or des sables de son lit. Ils emploient à cet effet une manière de sas mobile fait en roseau et d'une construction excellente, bien qu'elle paraisse primitive; quant au procédé d'extraction de l'or par le mercure, ils l'ignorent complétement. Les Dhunias appartiennent à la plus basse caste des montagnes, et je serais disposé à conclure de leur aspect général et de leur tenue habituelle que la recherche de l'or, comme ils la pratiquent, n'est pas une profession fort avantageuse.

Deux jours de marche nous amenèrent de Summunghenta à Malari, village principal de la vallée de Dhowlna. Pendant le voyage, nous traversâmes plusieurs fois la rivière sur des ponts composés simplement de deux ou trois longs pins jetés en travers du courant, et reliés entre eux par de petites pièces de bois pour faire la voie. Ces ponts, qui sont parfois élevés de trente à quarante pieds au-dessus d'un cours d'eau qu'aucun animal ne pourrait remonter ni passer à la nage, plient sous le poids de quiconque se hasarde à y mettre le pied. Il me fut donc impossible de mener plus loin un poney de Tartarie que j'avais eu l'intention de conduire jusqu'au défilé. Mais il serait facile, au moyen de légères réparations faites aux ponts et au chemin, de faire traverser aux chevaux la vallée et de les conduire par le défilé de Niti dans le Thibet. Les chèvres, les moutons et le gros bétail, employés au transport des marchandises par nos marchands Bhotias, franchissent néanmoins ces ponts avec une adresse merveilleuse.

L'ivrognerie existe dans des proportions extraordinaire chez les Bhotias; ils distillent une espèce de whisky qui, la plupart du temps, est de pur esprit de preuve. Le prix de cette liqueur est peu de chose ou nul, attendu qu'ils la fabriquent pour eux-mêmes, affranchie de toutes les restrictions de l'accise.—Aussi la fête bachique commence tous les soirs vers six heures et se montre plus universelle qu'en aucune partie de l'Écosse. J'étais descendu au Punchayut Gurh ou hôtel de ville de l'endroit, sale bâtiment ou plutôt ignoble cabane qui présentait pourtant des portails et des toits curieusement sculptés, et j'avais envoyé chercher le chef du village vers huit heures du soir, lorsqu'il me fut répondu qu'il était trop tard pour voir aucun des habitants pour affaires ce soir-là, vu qu'à pareille heure ils étaient tous en état d'ivresse ! Les ivrognes réguliers de l'endroit passaient, à ce qu'il paraît, chaque nuit dans un enivrement complet et systématique qui les plongeait tout le jour dans une torpeur morne.

Quant à la société de tempérance de cette localité, ses membres ne se grisaient guère que les jours de beau temps et de fête. Il ne semblait pas que les femmes prissent leur part de ces orgies : l'opinion publique en ces cantons ne considère point qu'il soit dans la mission de la femme d'imiter en tout son seigneur et maître. Cependant tout le travail des champs, tel qu'il peut être à ces hauteurs où il ne pousse que peu de chose, est accompli par le sexe féminin, pendant que les maris sont absents pour des voyages de commerce dans le Thibet. Ceux qui restent dans le pays ne paraissent pas avoir d'autre occupation que de filer, ce dont ils s'acquittent tout à leur aise en traînant leur fainéantise dans l'hôtel de ville du village. Ils portent à la ceinture un rouleau de laine préparée à cet effet, et ils en attachent quelques fibres au crochet d'une pièce de bois passée à angles droits au centre d'une croix de bois ; ils tordent rapidement les brins, pour les filer, entre le pouce et l'index.

13.

Mon but était de visiter, en premier lieu, les vallées situées autour de Shelshel et de Kyungrung, qui se trouvant en dehors de la route ordinaire par laquelle les commerçants bothias se rendent au Thibet, sont en raison de cela même plus susceptibles de voir dans leurs solitudes respectées depuis des années, errer en liberté les yaks sauvages qui descendent, dit-on, des montagnes et pénètrent bien loin dans l'intérieur de la Tartarie. Au premier coup d'œil jeté sur la carte, il semblerait évident que le chemin le plus facile devrait se trouver le long de la rivière Yong à partir de Malari; mais j'ai quelques mots à dire sur ce sujet. La carte montre que près du défilé de Niti, qui se trouve juste au sud des grands marchés thibétains de Gartok et de Daba, la ligne de neige éternelle à travers laquelle passent nos défilés difficiles et dangereux qui conduisent dans le Thibet, fait un coude dans la direction du Midi et abandonne la ligne d'écoulement des eaux qui fait notre limite et le long de laquelle s'étend (sauf sur ce point) la chaîne des montagnes neigeuses. Quoique tous les pics les plus élevés de l'Himalaya soient situés sur les arêtes placées au sud de la ligne d'écoulement des eaux, cette ligne elle-même atteint de telles hauteurs sur tout son parcours qu'elle ajoute comme un impôt de difficultés, presque prohibitives, à la valeur des marchandises volumineuses et de bas prix qui seules, jusqu'à présent, ont commencé à fonder notre commerce d'échanges avec l'Asie centrale, la Chine et le Thibet. Ce fut cette difficulté qui engagea lord Dalhousie, lorsqu'il était à Simla, à ordonner le commencement de la grande route du Thibet qui profite du passage frayé dans l'Himalaya par la Sutledge, pour en faire une artère commerciale entre le centre de l'Asie et l'Hindoustan. Mais les pentes interminables et difficiles de cette route exigeront, pour être dignes du projet de son auteur, une somme de dépenses telle, que notre gouvernement ne pourrait guère la fournir dans l'état actuel de nos finances. Les sommes nécessaires pour entretenir convenablement ce qui a été fait ne se peuvent déjà obtenir qu'avec de grandes difficultés, et jusqu'à ce que le Pendjâb soit sillonné de chemins de fer, il faudra toujours considérer le point où cette route débouche dans les plaines comme un obstacle au transport en Europe des principales marchandises du Thibet. Quant à la grande valeur et à l'importance d'une large voie de communication avec le Thibet, et aux avantages qu'elle nous procurerait pour introduire nos produits directement dans l'Asie centrale,— au lieu d'entendre dire, comme nous l'avons entendu, que les marchandises à la pièce, de Manchester, ne peuvent y pénétrer que par l'intermédiaire des négociants russes,— personne ne saurait avoir le moindre doute à cet égard; aussi est-il vivement à regretter qu'elle se trouve actuellement ainsi arrêtée dans son progrès.

Quoi qu'il en soit, pour en revenir au point que j'ai indiqué sur la carte, les terres comprises dans le triangle formé par la chaîne des hautes neiges et la ligne d'écoulement des eaux sont complétement inhabitées. Elles sont situées au-dessus de la ligne de végétation des arbres, sauf à Yong même, où l'on trouve en abondance des bouleaux et une espèce de cyprès; mais elles sont couvertes d'une herbe excellente et d'une quantité innombrable de plantes fleuries; la vesce, le lupin, l'oignon sauvage, le poireau, la rhubarbe et les *atces* (fort à la mode pour remplacer le quinine) y poussent de toutes parts.

Le caractère des pentes et toute la formation géologique se rapprochent plutôt des plateaux du Thibet que de nos montagnes escarpées; on y voit un grand nombre de petits lacs, ou plutôt de mares, qui sont alimentés par de l'eau plus chaude que l'atmosphère, et procurent ainsi des bains agréables pendant tout l'été.

Les noms marqués sur la carte, tels que Rimkim, Shelshel, Hoti, Leptel, etc., indiquent seulement les campements où s'arrêtent les nombreux troupeaux de chèvres, de mulets, de bœufs, etc., que les marchands emploient, pendant l'été, sur ce chemin, au transport des marchandises. L'élévation des points nombreux sur la ligne d'écoulement des eaux où se trouvent des sentiers qui conduisent de la route principale dans le Thibet, n'est point de beaucoup supérieure à celle des plateaux qui bordent la Sutledge ; mais la rivière Yong, qui reçoit pour affluents tous les ruisseaux d'Hoti et de Leptel, se fraye un passage à travers la ligne des montagnes neigeuses, et forme ainsi ce qui serait la porte du Thibet, si l'on profitait de l'ouverture faite par cette rivière.

Il est déjà facile d'aller du Sud jusqu'au confluent du Girtee et de l'Yong, et de pénétrer, en venant du Nord, jusqu'au confluent de l'Yong et du Leptel ; mais la partie intermédiaire est si escarpée, que le pied de l'homme ne l'a point encore traversée ; et bien que le travail de la mine et les plates-formes de bois de bouleau puissent peut-être arriver à établir l'étroit sentier qui sert de route en ces contrées, les bords présenteraient des escarpements d'une telle hauteur où, grâce aux éboulements de terre et de rochers, les avalanches de neige auraient lieu si souvent, que le chemin offrirait toujours des dangers. Toutefois, s'il ne se présentait pas de pentes soudaines dans l'encaissement de la route, et jusqu'à présent, il n'en est point de connue ou de visible, toutes les difficultés du nivellement susdit seraient écartées, et lorsque notre commerce avec l'Asie centrale aurait pris une extension suffisante, le chemin actuellement presque inconnu qui passe par Holi et Leptel deviendrait un entrepôt important de commerce.

Quand je fus parvenu à Malari, j'envoyai chercher un habitant du village de Gumsoli, nommé Surjoo, qui passait pour une grande autorité en matière de chasse, et d'après ses conseils, je me rendis le lendemain à Bompa, le premier village après Gumsali, à une courte distance de Niti, et le dernier endroit habité au sud des passages.

Il devient ici nécessaire de renvoyer les coolies qui

sont venus des chaînes inférieures, et d'employer un
certain nombre de *jooboos*, mulets provenus du croisement du yak domestique avec le bœuf ordinaire, et
qui se louent avec leurs conducteurs; un indigène suffit pour en mener deux. Il faut engager aussi quatre ou
cinq hommes en surplus, qui soient habitués à travailler dans une atmosphère raréfiée, pour porter les
fusils et remplir les vides produits par la maladie ou
les accidents.

Je payai ma première troupe de coolies et je leur
donnai, en sus de leur salaire, quinze jours de paye,
ce dont ils parurent enchantés. Ils achetèrent pour
leur argent du sel de Tartarie qu'ils pouvaient placer,
au retour, dans leur voisinage avec un profit de cent
pour cent. Une couple de moutons ou de chèvres et un
peu de tabac donnés de temps en temps aux coolies,
contribuent puissamment à les tenir en belle humeur.

Je m'en étais d'abord remis pour tous les arrange-
ments nécessaires à Surjoo le chasseur, mais je découvris bientôt en lui un gredin de la pire espèce. Il per-
dit quatre jours sous des prétextes frivoles, en alléguant
l'impossibilité de se procurer des animaux de transport,
tandis qu'en réalité il ne faisait qu'accroître ses préten-

tions relativement à son salaire. Comme la perte du temps rendait plus urgent mon départ, je m'adressai, pour en finir, à deux hommes de Bompa, nommés Dhun Sing et Buchoo, que je recommande tous deux comme des serviteurs actifs, habiles et pleins de bonne volonté. Ils me recrutèrent douze coolies avec neuf mulets (*jooboos*) et deux bœufs. Mon *chuprassie* Kunhaya et un homme des plaines, que j'avais amené avec moi, résolurent de m'accompagner, bien qu'avertis par le récalcitrant Surjoo, des tortures effroyables qu'ils auraient à souffrir du froid et de la raréfaction de l'atmosphère.

Après que tous les préliminaires eurent été arrangés, je me déterminai à laisser plusieurs paquets de mes bagages à Bompa sous la garde de deux domestiques. Le chef du village me promit de me procurer promptement toutes les provisions nécessaires en farine, etc., quand j'enverrais du Thibet mes mulets pour les rapporter. Je perdis encore un jour à cause de la célébration d'une fête importante à Gumsali, dans laquelle tout habitant ayant quelque prétention à la notabilité était tenu de s'enivrer, et pour laquelle avait été préparé en conséquence une large provision d'eau-de-vie extra-forte. De tous les territoires de Niti, de Charko, de Bompa et de Malari, devaient y accourir les maîtres de la création, et ce devait être, en fait, un grand péché ce jour-là que d'avoir conservé sa raison après sept heures du soir. Je ne pouvais pas naturellement blesser les sentiments religieux des gens de ma suite, par des remontrances déplacées contre l'accomplissement d'une aussi sérieuse cérémonie. Nous avons appris aux indigènes que le meilleur plan pour se les concilier était d'avoir un préjugé religieux pour tout ce qu'ils aiment faire, et un préjugé religieux contre tout ce qu'ils n'aiment point faire; aussi la liste de ces préjugés s'est-elle grandement allongée depuis le temps de Menù.

Mes hommes se réunirent le lendemain, et je crois qu'ils auraient fort goûté le cadeau de quelques douzaines de bouteilles d'eau de Seltz, si l'on avait pu se procurer cette boisson dans le voisinage. Je transportai mon camp, le soir même, à Tamersen, dernière limite de la végétation des arbres, sur la montée qui mène au défilé du Chor Hoti, dans l'étendue du pays que j'ai décrite ci-dessus. M. Surjoo, le guide qui avait jusqu'alors monopolisé les profits de cicerone vis-à-vis des quelques Anglais qui étaient entrés dans cette vallée, me voyant à même de me tirer d'affaire sans lui, vint me proposer de m'accompagner à des conditions raisonnables ; mais je lui déclarai que je ne voulais plus entendre parler de lui. Le jour suivant, nous atteignîmes Kala Jubbur, la dernière place où il soit possible de s'arrêter avant de franchir le défilé. Nous rencontrâmes sur notre route plusieurs troupeaux de moutons des neiges, mais ils étaient beaucoup trop sauvages pour qu'un novice en fait de chasse, à des hauteurs pareilles, se hasardât à les poursuivre. Nous fûmes obligés de transporter au lieu de notre campement les racines et les branches d'une espèce de buisson rabougri qui poussait à une élévation moindre, pour alimenter notre feu. Les plaines du Thibet se trouvent situées au-dessus de la hauteur où cesse la végétation des arbres, et le seul combustible employé dans ces parages est un arbuste rabougri dont les branches, la plupart du temps, ne s'élèvent pas, à cause du vent, à plus de six pouces du sol.

Je puis ici mentionner les conditions de mon contrat avec mes nouveaux employés. Les hommes devaient recevoir quatre aunas (60 centimes) chacun par jour, et je payais une somme égale pour chaque *jooboo* (mulet) au propriétaire de l'animal. Ceux qui étaient employés comme *shikarees*, c'est-à-dire comme chasseurs, ou plutôt comme guides, devaient en outre recevoir des provisions pour leur nourriture et des *baksheesh* ou gratifications proportionnelles à la quantité de gibier qu'ils me signaleraient. C'était plus que ne gagnent habituellement les indigènes de la classe ouvrière; mais le temps de ces hommes avait son prix, attendu que je les employais pendant la saison du commerce, et qu'ils perdraient au moins un voyage d'affaires dans le Thibet. Tous les habitants de nos vallées des neiges font le commerce. Ils résident de mars à novembre dans les villages situés juste au-dessous des défilés, où leurs femmes entretiennent de maigres cultures, et d'où ils importent dans le Thibet de la farine, du riz, du sucre, du coton, etc., pour rapporter en échange du borax, du sel et de la laine.

La plupart d'entre eux ont quelque membre de leur famille qui réside à Daba ou à Gyanee sur le lac Nunakhar dans le Thibet, pour réunir au moyen de payements partiels la quantité de marchandises dont ils ont besoin. Mais à partir de novembre jusqu'en mars, le froid et la neige obligent tous les habitants de nos vallées à abandonner leurs résidences d'été pour venir s'installer sur les bords de l'Aluknunda, à Kurnpryag, Nundpryag, etc., d'où ils vont faire des échanges avec les *beoparees* ou marchands de la plaine, à Nujeebabad.

Les moyens de transport qu'ils emploient sont le *chowr-gai*, ou yak domestique, qui porte une charge de 150 à 200 livres et s'achète pour dix ou quinze roupies; mais il meurt s'il est transporté dans les chaînes de montagnes inférieures. Il vient cependant d'être acclimaté en France. Le *jooboo*, mulet provenant du croisement du yak domestique avec le bœuf ordinaire des montagnes, se paye de vingt à trente roupies. Il porte de 100 à 150 livres, et peut sans inconvénient être amené, l'hiver, à Nujeebabad. Enfin les chèvres et les moutons, qui coûtent de deux à trois roupies par tête, portent de 10 à 15 livres et ne souffrent point relativement du changement de climat.

Les yaks et les jooboos sont amenés en vente du Bussahir où on en fait l'élève; les moutons et les chèvres viennent du canton de Chumba.

Nous avions, le matin où nous devions quitter Kala Jubbur, la perspective d'une rude journée de fatigues devant nous, attendu que le seul endroit où il nous serait possible de nous arrêter ensuite était Rimkim, à environ douze milles de là, mais de l'autre côté du défilé. Nous partîmes en conséquence au point du jour, et laissant derrière nous toute trace de végétation, nous gravîmes des montées tristes et désertes, pavées de pierres grises et coupées de pièces de neige. Des traces légères laissées par le pied des voyageurs qui nous avaient précédés indiquaient seules, de temps en temps parmi les pierres, la route que nous devions suivre. Au-dessus de nos têtes s'élevaient des rochers titanesques parmi lesquels se montraient çà et là des masses obscures d'un bleu céleste, figurant comme les fantômes de vieux pics disparus, qui nous annonçaient que nous approchions de la région des glaciers.

Les endroits les plus dangereux dans des ascensions pareilles sont en général les passages sur les monceaux de neige en pente qui recouvrent des crevasses ou les lits des torrents. La neige suivant une pente de 45 degrés environ, s'élève d'une part bien au-dessus de la ligne de marche, et de l'autre s'enfonce à des profondeurs inconnues. Le guide de la caravane s'avance le premier, une hachette à la main, et se creuse, en deux coups, une place dans la neige pour y mettre le pied ; il s'élève sur cette entaille improvisée pour en faire une autre en avant, et ainsi de suite, sur une longueur de quarante à cinquante mètres. Tous ceux qui le suivent, y compris les coolies avec leur charge au besoin, montent pas à pas dans les mêmes degrés. Il va sans dire qu'un faux pas serait fatal, et le voyageur court en·sus le danger que la solidité de la neige ne soit pas suffisante, dans le petit espace où le pied s'appuie, pour supporter le poids du corps, auquel cas il peut être entraîné sur la pente et perdu à jamais. Il faut traverser avec les plus grandes précautions toute inclinaison de neige dont on ne peut voir la fin ou qui se termine à un précipice à pic ou qui aboutit à un trou sur la surface glacée d'un torrent. J'ai franchi certains passages qui mettaient les nerfs à une rude épreuve sur la Borenda, avant que le commerce régulier ne fût établi sur cette route, et j'ai entendu parler d'un officier qui avait perdu ainsi un de ses coolies dont le pied avait glissé sur une pente de neige. L'officier et ses gens firent un long détour qui leur permit d'arriver au bas de la pente qui aboutissait au lit glacé d'un ruisseau ; mais le coolie avait sans doute perdu le sentiment, sinon la vie, avant d'arriver à l'extrémité de la neige, et il s'était trouvé emporté sous la glace. On pouvait voir son corps à une petite distance du trou, mais on ne pouvait l'atteindre, et il eût été complétement inutile de le retirer au prix d'un danger.

Comme nous approchions du sommet du défilé, qui est situé à 18,300 pieds au-dessus du niveau de la mer, c'est-à-dire à 2,600 pieds plus haut que le mont Blanc, un des conducteurs des *jooboos*, qui était venu d'une autre partie du pays, tomba épuisé par le manque d'air ou par les efforts qu'il avait faits pour monter et conduire sa bête, avec une charge sur le dos, dans une atmosphère si raréfiée; mais aucun autre, dans notre petite caravane, n'éprouva de sensations pénibles.

A une telle élévation, on peut s'attendre à des tempêtes de neige et à des bourrasques de grésil à toutes les époques de l'année. Le ciel, qui avait été très-pur quand nous avions quitté Kala Jubbur, devint sombre et nuageux; un brouillard épais déroba à nos yeux la vue de plusieurs pics lorsque nous approchâmes du sommet du défilé. C'est juste avant l'époque où les passages se trouvent fermés par l'hiver, que les tempêtes de neige sont lourdes et dangereuses; il ne se passe guère d'année sans que plusieurs marchands

aient perdu la vie pour avoir essayé de franchir les
défilés trop tard dans la saison. En pareil temps, le
froid est si intense, les flocons de neige aveuglent tellement et contribuent à tel point à égarer le voyageur
en effaçant absolument toute trace du chemin, que si
un convoi se trouve surpris par l'orage, hommes, mulets, chèvres et moutons, tous périssent ensemble ense-
velis sous la neige. Mes gens me firent remarquer
plusieurs tristes vestiges de désastres pareils, dans les
vêtements de voyageurs perdus qui restent épars çà et
là à l'endroit où ils sont tombés; quant aux cadavres,
ils sont brûlés dès que les défilés redeviennent praticables à la saison suivante. Un des hommes qui m'accompagnaient reconnut un manteau de laine rayée,
une couverture et quelques autres restes de vêtements
ayant appartenu à son frère, qui avait péri deux ans
auparavant.

A partir du sommet du défilé, du côté du Nord, pendant cinq à six cents mètres, la descente se présente
escarpée sur un terrain toujours couvert de neige et
plus ou moins praticable, suivant la condition particulière où se trouve cette neige au moment du voyage.
Si elle est trop molle, les animaux de transport, etc.,

s'y enfoncent et s'y perdent, si bien que les débarrasser
de leur charge et descendre les bagages pièce à pièce
devient un travail intolérable. Si elle est dure ou glacée à la surface, ce serait courir à sa perte que de
se risquer à y mettre le pied, aussi bien pour les
hommes que pour les animaux. Nous éprouvâmes la
neige, qui fut déclarée trop molle; les yaks s'y enfon-
cèrent d'abord, mais ils parvinrent à en sortir. J'avais
pris les devants, suivi de près par mon chasseur
Kunhaya, mais il commençait à tomber une neige qui
nous fouettait au visage, et comme je me retournais,
je vis que les autres ne nous avaient pas suivis. J'eus
quelque peine à remonter pour m'informer des causes
de leur retard, et je trouvai tous mes coolies assis en
désespérés sur des pierres au-dessus de l'amas de neige,
la plupart accablés par le froid, et quelques-uns gé-
missant à fendre le cœur et assurant à leurs compagnons pour les consoler que nous allions tous périr.
Ils avaient, avec la complète apathie qui caractérise
les indigènes, renoncé à tout effort, et si j'eusse été
membre de la Société protectrice des Aborigènes, j'aurais pu, moi aussi, m'asseoir à côté d'eux et verser des
pleurs sympathiques jusqu'à ce que nous eussions

perdu le nez, les mains et les pieds par le froid. Mais cette sensiblerie douce manquait à mon caractère, et je trouvais la défection de mes hommes et leur affaissement non-seulement inopportuns et incommodes, mais encore peu justifiés par les circonstances, puisque leur habitude de vivre dans les pays de neige leur permettait de supporter le froid mieux que moi-même. Je vis qu'il ne me restait plus qu'à frapper à tort et à travers parmi les gens, et je fis promener mon bâton de voyage sur la tête et les épaules de tous ceux qui se trouvaient à ma portée. Cette correction inattendue effaça pour l'instant le souvenir de leurs autres infortunes, et je les vis bientôt défaire activement les charges des mulets, pousser les animaux dans la neige et descendre eux-mêmes les bagages, opération dans laquelle je les aidai moi-même pour éviter toute distinction fâcheuse. L'humidité, le froid et la fatigue nous rendirent, pour la plupart, livides de pâleur, et nous employâmes deux bouteilles d'eau-de-vie, apportées dans cette intention, à rétablir la bonne harmonie entre nous et à oublier complétement toutes les distinctions et tous les préjugés de caste et de fortune. Je crois qu'en thèse générale les spiritueux purs sont mauvais pour un chasseur;

mais je suis obligé d'avouer que dans cette circonstance exceptionnelle, notre petite débauche nous fit
le plus grand bien, et comme le reste de la descente
était comparativement facile, mes hommes eurent
bientôt repris leur belle humeur, et nous finîmes la
route gaiement jusqu'à Rimkim, où nous arrivâmes
avant la nuit.

Dans l'exemple que je viens de citer, l'usage de l'eau-
de-vie était strictement ce que l'on prétend à tort qu'il
est la plupart du temps, une affaire d'hygiène; l'importance de l'excitation momentanée valait bien la peine
de subir ensuite l'abattement qui en est la conséquence,
ou une irritation du système nerveux pendant quelques jours. Je n'ai personnellement aucun préjugé en
faveur du système d'abstention complète ou momentanée de l'usage des liqueurs fortes, mais j'ai renoncé
entièrement à boire de la bière, du vin ou des esprits,
sans toutefois prendre aucun engagement à cet égard,
uniquement parce que j'ai trouvé que ces boissons
avaient des résultats fatalement funestes. J'attribue la
fermeté de ma main dans le tir à la carabine à la pratique de ne boire ni vin ni bière, et je n'ai jamais vu
dans ma vie un chasseur se mettre sérieusement au ré-

gime de l'eau sans qu'il n'ait constaté qu'il pouvait marcher, tirer et supporter toute fatigue infiniment mieux que lorsqu'il employait, pour se fortifier, la bière et les toniques spiritueux. Même dans le cas exceptionnel que j'ai raconté, j'ai vu que les hommes habitués à boire avaient été les premiers à souffrir de l'affaissement produit par le froid extrême sur la circulation, qu'ils avaient profité le moins du bienfait du stimulant, et qu'ils avaient perdu le plus tôt l'élan de force anormale ou factice qu'il avait procuré à tous les autres.

Au bas de la pente, nous rencontrâmes des traces innombrables des os, des charges et des marchandises de plusieurs troupeaux de chèvres perdus dans les années précédentes, qui perçaient la neige. Tous les marchands paraissent avoir une répugnance superstitieuse à l'égard des marchandises ainsi échouées dans le défilé; ils disent qu'il arriverait certainement malheur à celui qui, n'étant pas héritier immédiat des propriétaires décédés, s'emparerait de cet héritage, et comme la plupart des membres de la famille peuvent avoir péri avec leurs bestiaux et venaient probablement de villages fort éloignés (la propriété se trouvant d'ailleurs hors de la portée de l'administrateur général du canton), la laine, le borax, le sel et les bagages blanchissent parmi les ossements des animaux qui les portaient, jusqu'à ce qu'ils se trouvent trop détériorés pour valoir la peine d'être enlevés.

Les difficultés que nous avons éprouvées pour franchir le défilé de Chor Hoti étaient, il ne faut point l'oublier, en partie exceptionnelles et dues à l'état défavorable de l'atmosphère; mais on peut éviter complétement ce passage, quand on ne regarde pas à perdre quelques jours, en faisant le tour par le défilé de Niti, qui n'atteint que seize mille pieds de haut.

CHAPITRE X

AU DELA DES NEIGES

Les Tartares nous empêchent d'aller plus avant. — Leur thé. — Faits se rattachant à l'infusion du thé. — Hoti et Leptel. — Je vois des *kyangs* et je tue une *pheca*. — Couches de fossiles à Takoolee. — Les impôts tartares. — J'aperçois l'*ovis ammon*. — Chasse au *burrul*. — Une visite à Shelshel. — Je dépêche un envoyé au Zumpun — Entrée dans la vallée de la Salkh. — Première apparition des *bunchowr*. — Une nuit sur les montagnes. — Arrivée à Kyungrung. — Géologie du Thibet.

Nous étions arrivés à un endroit qui appartient au territoire britannique, d'après la ligne tracée par l'écoulement des eaux, mais qui est réclamé et traité par les Hunnias, ou hommes des neiges, comme leur propriété, parce qu'il se trouve au delà de la principale ligne des défilés. Aussi, lorsque après une journée de marche je me trouvai, le lendemain, à Takolee-Shêm, je rencontrai cinq zemindars tartares qui, ayant appris qu'un Anglais pénétrait dans le Thibet par le Chor Hoti, venaient, sur l'ordre des autorités chinoises, essayer de me faire rebrousser chemin. Ils n'avaient point d'armes avec eux, et, montés sur leurs petits chevaux de Tartarie, ils étaient chargés d'une multitude de couvercles et d'ustensiles se rattachant à la cuisson du thé. Quand nous les atteignîmes, ils étaient activement occupés à préparer leur thé, cérémonie qu'ils renouvellent quatre ou cinq fois par jour, et ils me demandèrent, comme une faveur particulière sinon comme une nécessité péremptoire, que je voulusse bien camper immédiatement auprès d'eux, attendu qu'ils avaient à me dire quelque chose dont ils me parleraient le lendemain matin. Je consentis à camper comme ils m'avaient prié de le faire, bien qu'il eût été plus sage de continuer ma route, toute demande de cette espèce ayant pour but de savoir comment il conviendra de vous traiter, et toute concession faite autorisant de nouvelles exigences.

L'Hundès est un marché qui promet d'être avantageux pour les qualités les plus communes du thé produit par nos manufactures de l'Himalaya. Tous les

Hunnias boivent du thé qui leur arrive de Chine par petits paquets composés des feuilles les plus grossières, de petites branches, des graines, etc., de l'arbre à thé, qui ne forment plus qu'une masse réduite par la pression au plus petit volume possible, et rendue parfois plus compacte encore par un léger mélange du sérum de sang de mouton. Les feuilles sont mal séchées et souvent décomposées en partie, les paquets ressemblent à du tabac et le tout s'appelle thé en briques. J'ai acheté pour quatorze shillings (16 fr. 80 c.), prix courant du marché, une de ces briques qui pesait quatre livres.

Les Hunnias franchissent des distances énormes en ne vivant que de thé et de ce que les Hindous appellent *suttoo*, c'est-à-dire de farine de fèves ou de gesses grillées. Il est vrai qu'ils préparent leur thé d'une façon particulière. Ils font bouillir les feuilles pendant quelques heures, et même pendant toute la nuit, s'ils sont au camp, dans un petit vase de terre; puis ils versent l'infusion noire dans un grand bassin de cuivre plein d'eau chaude, où ils la mélangent avec du sel et du beurre clarifié (*ghee*), en y ajoutant un peu de *suttoo*, s'ils en ont. Tout cela produit naturellement une espèce de soupe au thé, et les indigènes peuvent vivre pendant des mois, et supporter de rudes fatigues en voyage sans prendre aucune autre nourriture. J'ai vu depuis expliquer scientifiquement ce résultat dans l'ouvrage si connu et si intéressant intitulé *Chimie domestique* (*Chemistry of common life*), par Johnston. Il dit à la page 174 « que les feuilles du thé contiennent autant de gluten que les fèves et les pois, mais que nous le perdons par notre manière de le préparer. » L'analyse chimique comparée des feuilles du thé et des fèves donne les chiffres suivants, en prenant les échantillons ordinaires du marché :

	Thé.	Fèves.
Eau	5	14
Amidon, gomme, etc	27	48
Gluten	20-25	24
Graisse	3	2
Acide tannique	15	0
Glume ou fibre ligneuse	20	10
Cendre	5	2
	100	100

Ainsi, non-seulement l'acide tannique empêche ou plutôt diminue les pertes des tissus animaux, mais encore le gluten permet de réparer ces pertes.

Le docteur Johnston s'exprime ainsi : « Le thé contient une forte proportion de gluten qui ne se dissout point dans l'eau où nous le faisons infuser. On a recommandé, comme méthode meilleure de le faire infuser, de mettre en même temps que les feuilles, dans l'eau bouillante, une pincée de soude. Elle aurait pour effet de dissoudre au moins une partie du gluten et de rendre, en conséquence, le breuvage plus nourrissant. La méthode adoptée par les Mongols et les autres tribus tartares pour la préparation du thé en briques est, à ce qu'on croit, celle qui extrait de la feuille le plus de nourriture possible. Ils râpent le thé en poudre fine, qu'ils font bouillir dans l'eau alcaline des steppes, à laquelle ils ont ajouté du sel et de la graisse, après quoi ils décantent la décoction et laissent le dépôt. Ils boivent de cette liqueur vingt ou même quarante tasses par jour, en la mêlant d'abord avec du miel et du beurre et un peu de viande rôtie. Mais, sans aucun rôti, en la mélangeant seulement avec un peu de lait, ils peuvent subsister plusieurs semaines de suite avec cette boisson pour toute nourriture. »

Le lendemain matin, après que les Hunnias eurent retardé aussi longtemps que possible l'importante communication qu'ils avaient à me faire, nous entrâmes

en conférence, deux de mes hommes servant d'interprètes entre nous. Tous leurs discours aboutissaient en
somme à ceci : — qu'il était impossible que j'allasse
plus avant; — qu'il était absolument interdit de voyager dans leur pays; — que les zemindars, ou résidents
tartares, ne faisaient personnellement aucune objection
contre ma venue, mais qu'ils seraient condamnés à l'a-
mende par les autorités chinoises si je persévérais dans
mon dessein. Je répondis que ni eux ni les Chinois
n'avaient le droit de fermer ce pays aux voyageurs
inoffensifs qui ne violaient en rien leurs coutumes et
leurs lois; — que s'ils fondaient leur prohibition sur le
principe que la force fait le droit, ou en d'autres termes, *sic volo sic jubeo*, les Anglais s'épargneraient une
foule d'ennuis en acceptant carrément la situation ainsi
posée, et les chasseraient de leur pays en leur défen-
dant d'y revenir; j'ajoutai que nous serions enchantés
de les voir de notre côté des défilés, que nous leur four-
nirions pour voyager toutes les facilités dont jouissaient
nos propres sujets, et que nous nous attendions à quelque réciprocité de leur part. Enfin je déclarai que le
territoire où nous nous trouvions alors était situé, d'a-
près la règle de la ligne d'écoulement des eaux, dans

les limites des possessions britanniques, et que s'il y avait sur ce point des intrus, c'étaient eux et non point nous. Je terminai en disant qu'il était parfaitement inutile d'argumenter avec eux, attendu qu'ils n'avaient aucune influence sur le Zumpun de Daba, chef chinois du canton, qui dépendait lui-même, quoique dans une moindre mesure, du bon plaisir du Garkoon de Gartok, son officier supérieur. Je pris en main ma carabine, et j'avançai en ordonnant à mes hommes de se mettre en marche; je signifiai en même temps aux Hunnias que je serais charmé de les revoir à ma prochaine halte, mais que quant à présent, je n'avais pas de temps à perdre avec eux. J'avais toutefois profité de l'occasion pour étaler mes ustensiles à thé, mes armes, des vêtements et un certain nombre de curiosités, telles que des vues stéréoscopiques, des perles, des colliers, etc., que j'avais apportés pour en faire des présents ou des échanges contre de la farine, si je pouvais en obtenir. Les Hunnias remontèrent à cheval et galopèrent à notre suite; deux d'entre eux ne me perdaient point de vue et me suivaient partout où j'allais chercher du gibier.

Je rencontrai sur ma route plusieurs couches de coquillages fossiles, et je remarquai nombre de mares alimentées par des eaux de sources dont la température était plus chaude que l'atmosphère. Je m'y serais volontiers baigné, si le vent froid qui soufflait ne m'eût paru désagréable quand il aurait fallu me rhabiller ensuite. Je vis en plaine, pour la première fois, quelques chevaux sauvages (*kyang*), un certain nombre de marmottes appelées *pheea*, et des moutons des neiges (*burrul*). Les marmottes rappellent exactement, par leur aspect, les chiens des prairies de l'Amérique ; elles ne s'écartent jamais beaucoup de leur terrier tant que les voyageurs restent en vue, et elles répandent promptement l'alarme parmi celles qui pourraient n'être pas sur leurs gardes, en faisant entendre un sifflement aigu qui se trouve reproduit à peu près par le mot *pheea* (*fiia*), dont les Hunnias se servent pour les désigner. Elles se dressent souvent sur leur train de derrière comme les lapins, et l'une d'elles, que j'avais tuée d'un coup de carabine, s'était fourrée si vite dans son trou, que je dus creuser jusqu'à une profondeur de quatre pieds pour la retrouver.

A Takolee-Shêm, je trouvai deux couches tres-étendues de formation de lias, dont la surface avait été réduite à l'état terreux, ou rendue extrêmement friable par suite d'une exposition constante au froid et à l'air, en même temps que la fonte des neiges et la pluie avaient enlevé la terre qui les recouvrait, et laissé à découvert sur l'une des couches un très-grand nombre d'ammonites, et sur l'autre toute une moisson de bélemnites de l'aspect le plus singulier. Je pus choisir sur la première couche, dans l'espace d'une heure, une vingtaine ou une trentaine de très-beaux spécimens, dont la dimension variait entre une pointe d'épingle et un mètre de diamètre. L'intérieur était souvent revêtu de cristallisations superbes et étincelait de pyrites de fer. Je brisai plusieurs grosses pierres noires qui semblaient d'un seul bloc, et je trouvai souvent que le noyau de la masse était une ammonite ou quelque autre fossile qui remplissait exactement le centre.

Ces ammonites sont très-recherchées par les pèlerins qui se rendent à Budrinath et à Kylas, où elles sont quelquefois achetées par les marchands. Ils apprécient spécialement celles qui ont été rongées par l'action de quelque ruisseau, et ne conservent plus que la forme de nautile flottant, suivant les lignes du fossile. Les Hindous de la plaine les désignent sous le nom de *sulgrams*, ou plus exactement de *salikrams*, et supposent qu'il suffit, pour se les procurer, de prier avec persévérance sur le bord d'un ruisseau dans les montagnes (tout ce qui semble merveilleux provient d'une localité spéciale dans une montagne ou dans une île, au dire des savants de la plaine), et le *sulgram* arrive en nageant sur la surface de l'eau jusqu'au dévot pieux dont la prière l'a touché.

Pendant que j'étais à Takolee, je partis un jour à la chasse du mouton sauvage (*ovis ammon*), et, bien que cet animal soit rare dans ces contrées, j'en vis trois, à l'aide de ma lorgnette, près du sommet d'une montagne voisine. Escalader les précipices sur les routes d'Holi et de Leptel, où je me trouvais alors, était chose facile, comparativement au danger que présente la chasse dans nos montagnes, attendu que le pays se rapproche de la nature des plateaux du Thibet plutôt que de celle de nos montagnes escarpées, à l'exception seulement des côtés qui regardent les rochers inaccessibles et les glaciers en surplomb sur le passage par lequel on traverse la chaîne des neiges de la rivière Yong.

Les Hunnias qui nous suivaient firent, à notre visite du retour à Takolee, une petite affaire qu'il convient de noter ici, en exigeant les droits de passage de quelques marchands *rajpoot* qui campaient à Takolee, et se disposaient à transporter au delà du défilé leur laine, leur borax et autres marchandises. Le gouvernement chinois ne paye que peu ou point de salaire à ses fonctionnaires ; mais ceux-ci jouissent de grands priviléges pour leurs opérations commerciales, vu qu'ils ont le droit d'exiger sur tout ce qui entre dans le pays ou en sort, un impôt dont ils sont, dans une certaine mesure, exemptés eux-mêmes. Une longue habitude et l'étendue des relations, comme aussi l'importance vitale du commerce des céréales pour les Hunnias eux-mêmes, ont amené l'établissement d'un tarif obligatoire qui limite leurs exactions.

Un des marchands, bel homme d'un aspect robuste, me fut présenté comme un grand chasseur, et, après avoir fraternisé avec moi au sujet du gibier du Thibet, il consentit à m'accompagner le lendemain matin et à me montrer quelques troupeaux de moutons des neiges. Nous partîmes au point du jour, suivis de deux de mes hommes, et gravîmes un petite colline au sud, d'où nous avançâmes le long des pentes dans la direction de la rivière Yong, au-dessous de Rimkim. Ces pentes sont coupées, en plusieurs endroits, par de petits ruisseaux qui coulent des glaciers à la rivière, et nous dûmes en passer un ou deux à gué. Dans le plus large, nos jambes, jusqu'au genou, furent exposées au courant pendant deux ou trois minutes environ, et, bien que la circulation fût en très-bon état chez chacun de nous, grâce à l'exercice que nous avions pris avant d'y entrer, le froid intense de l'eau nous causa d'abord de vives douleurs aux jambes et une décoloration visible, même à travers la peau noire de mes compagnons. J'éprouvai ensuite la sensation d'innombrables piqûres d'aiguilles et d'épingles me parcourant les jambes, comme lorsqu'elles s'engourdissent à la suite d'un temps d'arrêt, et si nous ne nous étions pas retrouvés bientôt sur la terre ferme pour ramener la vie au moyen d'une friction énergique, je crois que nous aurions eu les membres inférieurs gelés en partie.

D'après les précautions extrêmes et les manœuvres de mon guide, je conçus, plus que je ne l'avais auparavant, une idée claire de la finesse extraordinaire de nez que possèdent tous les animaux des neiges. L'ouïe, la vue et l'odorat sont les premiers obstacles contre lesquels le chasseur doit prendre ses précautions, et tendre toutes ses facultés pour cacher sa présence au gibier qu'il poursuit. Le mouton des neiges et le mouton sauvage (*ovis ammon*) s'effarouchent à la moindre odeur de l'homme flottante dans l'air à une distance de deux ou trois milles, pour peu que le vent soit favorable et souffle doucement vers eux. Il y avait plusieurs troupeaux de moutons des neiges, séparés à des intervalles d'un ou deux milles sur les pentes des montagnes, quoique leur ressemblance avec les grosses pierres grises, répandues çà et là, les rendit tout à fait invisibles à cette distance. Mon guide reconnut le troupeau à un mille environ, et se précipita aussitôt à plat ventre sur le gazon. Nous imitâmes son exemple et restâmes immobiles dans cette position jusqu'à ce que nous eussions clairement déterminé dans quelle direction le troupeau prenait sa pâture. Nous nous retirâmes ensuite avec précaution derrière une petite éminence située en arrière, tout près d'un ruisseau où nous nous trouvions les avoir en face de nous.

Nous examinions par-dessus le bord de la rive la marche que suivaient les moutons. Les derniers avaient bien vite expédié le peu de gazon laissé par ceux qui les avaient précédés, et prenaient alors une avance de

quelques pas ; le troupeau continuait ainsi à marcher dans
une direction quelconque, jusqu'à ce que deux ou trois
des chefs s'étant couchés, le reste imita leur exemple.
Nous n'avions aucun moyen d'approcher d'eux dans la
position qu'ils venaient de prendre, et, comme ils auraient pu, en se levant, modifier leur direction première, nous dûmes nous tenir tranquilles pendant une
demi-heure, après laquelle ils se remirent à paître de
la même façon qu'auparavant. Mon guide finit par me
placer dans une position admirable, vers laquelle le
troupeau s'avançait en trottant, comme si instinctive-
ment il avait eu le sentiment inquiet d'un danger
à éviter ; mais je perdis cette excellente occasion en
tirant deux coups exécrables qui ne tuèrent rien et ne
firent naturellement que dégoûter mon guide. Nous
répétâmes toutefois la même cérémonie un peu plus
loin à l'égard d'un autre troupeau, et, après un mauvais coup, je déchargeai à tout hasard mon canon sur
les fuyards à six cents mètres de distance, et j'eus la
chance d'atteindre un jeune mouton d'une balle qui le
traversa de part en part et le fit rouler mort. Mes
hommes, qui n'avaient rien eu à manger le matin, dépe-
cèrent immédiatement l'animal et allumèrent, avec les

racines et les tiges de quelques buissons rabougris, un bon feu sur lequel ils faisaient rôtir les morceaux. Nous nous accroupîmes tous à l'entour et, sans plus d'étiquette, dès que l'un de nous apercevait un morceau suffisamment saisi par la flamme, il le retirait des cendres, le frottait entre ses deux mains pour le débarrasser de tout charbon superflu, de la cendre ou du sable du foyer, et le mordait à belles dents, en même temps qu'il pêchait dans les tisons la bouchée suivante.

La chair, pour les raisons que j'ai exposées dans le chapitre V, se trouva parfaitement tendre, et, après avoir lavé nos mains et notre visage au ruisseau le plus proche, nous envoyâmes un homme porter à nos tentes le mouton que nous avions vidé pour le rendre moins lourd, puis nous nous remîmes en quête d'un autre troupeau. L'expérience que je fis à cette occasion peut servir à détourner de l'emploi des balles coniques allongées pour des chasses pareilles ; l'effet produit par une balle ronde est incomparablement plus puissant que celui des pointes d'aiguille qui terminent les projectiles de Jacob. Une fois déjà auparavant j'avais traversé un *gooral* (chamois de l'Himalaya) de part en part, la balle à pointe conique étant entrée par une épaule et sortie par l'autre. Et cependant le choc avait été si léger, bien que la blessure fût mortelle, que l'animal se releva aussitôt d'un bond et se mit à trotter sur un terrain mauvais pendant plus d'un mille, si bien que je ne pus l'avoir que par un coup de hasard qui lui cassa une jambe.

Dans le cas présent, nous nous étions approchés à soixante-dix mètres d'un troupeau de moutons. J'avais appuyé le bout de ma carabine sur une pierre devant moi lorsque j'avais mis le genou à terre pour tirer, et j'avais choisi pour viser deux moutons qui paissaient ensemble et dans une position telle qu'une seule balle devait les traverser tous deux. Je pressai la détente. Tous deux bondirent sur le coup comme avait fait le *gooral*, frappés de la même manière, et, tandis que le reste du troupeau détalait à notre gauche, je remarquai deux moutons qui partaient dans une autre direction et qui, j'en étais parfaitement sûr, étaient mortellement blessés. Ils s'éloignèrent trop cependant pour que nous pussions les poursuivre, comme il se faisait tard, et le guide, qui n'entendait rien aux raisons scientifiques qui expliquaient la fuite de ces animaux, ne trouvait pas un mot à dire, tant il était dégoûté de ce qu'il considérait comme une maladresse insigne de ma part. Je n'ai jamais depuis lors chargé ma carabine pour la chasse sans couper d'abord la pointe aiguë de mes balles, et je recommande à tout sportman ayant un moule à pointe d'aiguille d'y adapter un godet de cuivre ou de fer mobile pour y fondre les balles destinées au gibier. Nous regagnâmes nos tentes, suffisamment fatigués par la besogne de cette journée.

Le lendemain, nous nous dirigeâmes vers Shelshel, et, tandis que nous marchions sans nous attendre à voir aucun gibier, nous rencontrâmes tout à coup un grand loup du Thibet (*chanko*) qui nous échappa. Ma carabine était confortablement casée dans son étui de cuir, et bien que je fusse prêt à suivre tout gibier qu'il aurait fallu dépister, je ne l'avais pas sous la main au moment où cette apparition inattendue eut lieu sur le chemin. Je tuai quelques pigeons des neiges, qui ressemblaient beaucoup, quoiqu'un peu légers, à nos ramiers communs. Nous campâmes tout près de la ligne d'écoulement des eaux à Shelshel, attendu que j'avais résolu de consacrer un jour ou deux à visiter les bords de la Salkh et les environs, qui sont complétement inhabités, sans qu'aucune route commerciale les traverse, et restent parfois des années avant d'être foulés par le pied d'un homme, ce qui en fait la retraite préférée des yaks sauvages des montagnes de Kailan.

Les Tartares de mon escorte se trouvèrent tout à coup en proie à une grande émotion. De nouveaux cavaliers arrivaient tandis que d'autres partaient avec des messages pour le zumpun de Daba. Les zemindars Bhoteea me pressaient de prendre vis-à-vis d'eux un engagement quant au temps de mon séjour et aux endroits que je voudrais visiter, pour qu'ils pussent le faire savoir au zumpun, et lui prouver ainsi leur zèle et leur habileté diplomatique. Je leur dis que j'étais venu pour tuer du gibier, que mon intention actuelle était de chasser dans les environs de Tazang-Kyungrung, de Chounglas et sur les bords de la Salkh, du Leptel et du Keo, et que je resterais un mois environ. Pour éviter au surplus toute espèce d'ennui aux zemindars, désireux que j'étais d'ailleurs de voir le zumpun de Daba, j'envoyai un de mes coolies en ambassade auprès de ce potentat. Mon envoyé reçut pour instructions de présenter au zumpun un magnifique plaid de cachemire en tartan Victoria, de solliciter pour moi une entrevue, et de donner à entendre que j'avais apporté un stéréoscope, avec plusieurs peintures photographiques, et d'autres cadeaux que je serais heureux d'offrir en personne au zumpun de Daba. Le coolie, ayant subi tout un cours sur les principes de la photographie et passé une série d'examens stéréoscopiques, partit avec des idées un peu confuses au point de vue de la science, mais parfaitement préparé à élaborer une longue description des prodiges qu'il avait vus, description qui serait encore plus merveilleuse que la réalité. Je savais que les Hunnias, qui sont jusqu'à un certain point connaisseurs en étoffes de laine, admireraient la matière et la couleur du plaid.

Le 5 juillet, je partis de ma tente de Shelshel pour visiter la Salkh, et je n'emportai avec moi qu'un peu de nourriture et de thé pour moi et les quatre hommes qui m'accompagnaient, et quelques couvertures. J'avais peu l'espoir de rencontrer un yak sauvage dès le premier jour, et notre petite troupe remontait les gorges qui entourent la Salkh sans éclaireurs en avant, quand tout à coup, comme par l'effet d'un choc électrique, nous nous jetâmes tous à plat ventre, et je vis, à environ cinq cents mètres devant nous, six magnifiques taureaux *bunchowr*, tous noirs comme du jais. Ils avaient malheureusement les yeux et le mufle tournés vers nous, et il était évident qu'ils nous attendaient depuis longtemps et se tenaient sur le qui-vive après nous avoir éventés. J'eus beau me glisser à quatre pattes hors de leur vue et remonter aussi loin que possible sous le couvert, je ne pus arriver à une distance suffisante pour les frapper à la tête ou au cœur, et, m'imaginant à tort qu'ils ne s'éloigneraient que de quelques milles s'ils n'étaient pas effarouchés par des coups de feu, je les laissai continuer tranquillement leur marche majestueuse jusqu'aux neiges de la gorge où ils entraient, en me réservant de les suivre le lendemain. Il était top tard pour nous éloigner, et nous continuâmes à nous diriger vers le lieu de notre campement, en envoyant un éclaireur à cinq cents mètres en avance sur nous. Nous lui fîmes bientôt signe de revenir, car nous aperçûmes, à la distance d'un mille devant nous, parmi des entassements de rochers, une colline en forme de cône tronqué au sommet de laquelle, immobile comme sur un piédestal digne de lui, se tenait un gigantesque taureau, promenant au loin sa vue sur les déserts qui l'entouraient, seul monarque vivant de cette solitude, où de loin il semblait un monument énorme de bronze ou de fer. La tête et la dépouille de ce monstre figurent maintenant parmi les trophées qui ornent ma demeure, mais il m'a fallu bien des jours de rude fatigue pour les conquérir. Je me précipitai en avant parmi les pierres et la neige, où je trébuchais en courant aussi vite que le permettait la double nécessité de dissimuler ma présence et de me tenir sous le vent de l'animal; mais quand j'atteignis le grand piédestal, il était vide. Je le gravis avec précaution, et je vis le taureau qui, du haut d'un pic à trois milles de là tout au moins, semblait me menacer et défier ma poursuite. Mon guide pensait que le premier troupeau que nous avions vu était parti jusqu'à Leptel, à deux jours de marche plus loin, et que le solitaire se dirigeait vers le Keo, ce qui nécessitait un voyage de trois journées au moins. Il se trompait quant à sa première conjecture, mais il avait raison pour la seconde. Nous revînmes au bord de la Salkh, et comme nous n'avions point de tentes avec nous, à une élévation où il gèle chaque nuit pendant toute l'année, nous commençâmes à édifier un petit mur avec des pierres pour nous abriter contre le vent, et à allumer du feu pour chauffer l'eau de notre thé. Pendant que nous étions occupés ainsi, le guide me saisit la main et me fit voir sur la crête d'un rocher, bien au-dessus de nos têtes, dans un ciel clair, la silhouette noire du troupeau des six yaks que nous avions vus le matin, et qui paraissaient stupéfiés de l'insolence de notre coupable invasion dans leurs domaines. Ce fut là toutefois le dernier regard échangé entre nous; ils partirent pendant la nuit pour d'autres pâturages, et, quoique j'aie chassé dans les environs tout une quinzaine, je ne les ai jamais rencontrés depuis. Nous trouvâmes naturellement la nuit horriblement froide, et quand je m'éveillai le matin, ma couverture de dessus était couverte de gelée blanche, et près de moi une tasse de thé se trouvait glacée.

Le lendemain, nous ne vîmes absolument rien, et le soir nous gagnâmes Kyungrung, où j'avais donné l'ordre de transporter le camp laissé par nous à Shelshel.

Je passai plusieurs jours dans la vallée de Kyungrung, où je trouvai des traces nombreuses de yaks sans voir aucun de ces animaux. A l'entrée de la vallée s'élève une colline en forme de cône, appelée *Jelmowrhill*, et formée de pierres auxquelles les indigènes attribuent de précieuses vertus médicinales. J'en ramassai quelques-unes sur le lieu même. Elles sont savonneuses, teintées de vert et paraissent contenir une grande quantité de magnésie.

Les couches géologiques de ce côté des défilés rappellent tout à fait celles de la plus grande partie de l'Himalaya, surtout les schistes et les siénites les plus anciens; on trouve cependant de nombreuses roches volcaniques autour de Kyungrung et de Kuntchego. Le trapp, le basalte, la serpentine et l'amygdaloïde abondent de toutes parts. Les Hunnias rencontrent quantité d'ossements fossiles dans le plateau rocheux situé au nord de l'Himalaya; ces ossements et le terrain qui les contient ressemblent tout à fait à ceux de nos montagnes Sewalik situées au sud. Les indigènes appellent ces fossiles « *bijlee har* » (os du tonnerre). Les aérolithes sont très-communs dans les défilés, et j'en ai ramassé moi-même plusieurs, que les gens du pays désignent sous le nom de « *Devee-Gola* » (balles de la déesse Devee).

CHAPITRE XI

DANS LE THIBET

A court de vivres. — Les fonctionnaires chinois et leur politique. —
Les voleurs de l'Hundès. — Articles de commerce et moyens de
transport. — Comment les Hunnias font la guerre. — Je tue des
kyangs, un *nyau*, un *hunyal* et des *chasa* dans les plaines d'Hu-
machul. — Entrevue avec le zumpun. — Marche vers le Keo. — Je
tue le *bunchowr*. — Retour à Bompa. — Un dernier conseil.

Les difficultés du passage par le Chor Hoti dans le
mauvais temps font que les Anglais qui voyagent dans
le Thibet sont susceptibles de se trouver à court de
provisions quand leurs animaux de transport sont re-
tenus au delà des défilés ou quand leur chasse n'a pas
été heureuse. Trois jooboos, avec leur escorte, qui devaient m'apporter des provisions de Bompa furent arrêtés pendant trois jours par la neige, et comme j'avais
négligé de me faire adresser un envoi pareil par le
défilé de Niti, nous nous trouvâmes réduits à un ordi-

naire des plus maigres. Le seul gibier qu'il m'avait été possible d'approcher, dans les derniers temps, consistait en quelques malheureux moutons des neiges, tombés des rochers dans les précipices et revêtus, par l'hiver, d'une enveloppe de glace qui les rendait naturellement d'une nourriture impossible, bien qu'ils fussent d'ailleurs admirablement conservés. Leur triste destinée prouve qu'il arrive des accidents non-seulement dans les familles les plus prudentes, au milieu de la civilisation la plus raffinée, mais qu'ils sont inséparables aussi de l'état de nature.

On peut se procurer quelques espèces de légumes sauvages dans les environs d'Hoti et de Leptel ; ils forment une addition agréable au dîner, qui peut ne se composer que de la viande obtenue à la chasse, et de la farine apportée par la route des défilés. Je vais en donner les noms indigènes, car j'imagine qu'on ne les trouverait point imprimés dans un dictionnaire, et peut-être serait-il difficile d'obtenir les objets en question sur une simple description :

Oignon sauvage...............	*Jumbo.*
Poireau sauvage...............	*Dümm.*
Rhubarbe rouge...............	*Tatree.*
Rhubarbe verte...............	*Dodlbo.*

Ce ne sont là que des variétés naines, mais elles possèdent beaucoup de saveur générique. Il y a des groseilles à grappes et à maquereau ainsi que des framboises, à des latitudes moins élevées dans nos vallées de neige, — mais les premières ne sont point mangeables; les dernières, au contraire, viennent à maturité et sont fort agréables au goût.

J'envoyai quelques hommes acheter des vivres aux résidents d'une station de pâturage située à deux milles plus loin et appelée Dungpoo. J'avais vu quantité de gibier au moyen de ma lorgnette à de longues distances, et j'aurais tué une foule de moutons sauvages à Kyungrung, si j'avais pu commencer mes chasses avec l'expérience que j'ai acquise depuis sur la vue, l'ouïe et l'odorat; mais, bien que je suivisse la piste avec un soin et une précaution qui auraient paru inutiles à un chasseur des plaines ou de l'Himalaya inférieur, je ne réussis qu'à effaroucher tous les animaux du voisinage. Mes envoyés revinrent de Dungpoo sans avoir pu effectuer aucun achat; ils me dirent que les habitants ne demandaient pas mieux que de vendre, mais qu'ils n'osaient pas déplaire aux autorités chinoises. Je fis cependant acheter par mes hommes quel-

ques jeunes chèvres à châles, des queues de yaks domes-
tiqués, etc., à des marchands qui passaient, et comme
mes provisions franchirent peu de temps après le défilé, nous nous trouvâmes indépendants des gens du
pays. J'avais prié le coolie que j'avais envoyé au
zumpun de profiter de l'occasion pour acheter à Daba
du thé en briques, des queues de yaks domestiques et
des turquoises. Il revint à Kyungrung avec toutes ces
marchandises, et me répondit que le zumpun n'était
pas chez lui, mais que sa femme s'était emparée du
plaid, qu'elle avait grandement admiré, et qu'elle l'avait
assuré que son mari viendrait me trouver à Surkya,
quand je serais arrivé dans cette ville. Les peuples de
tous les pays et de toutes les religions, à l'exception
des Européens, ont toute liberté de faire le commerce
dans l'Hundès; — les Ghoorkas, les Hindous, les Sikhs
et les Willayutees peuvent tous voyager à Gartok ou
ailleurs. Mais, si les indigènes montrent envers nous
de bonnes dispositions, les autorités nous interdisent
l'entrée du pays, et défendent de nous fournir des vivres ou des marchandises de quelque espèce que ce
soit. Il leur est toutefois impossible d'exclure complétement les Anglais; aussi, pour se venger, elles impo-

sent souvent une amende aux habitants du canton par lequel ils passent. Les Hunnias, qui me gardaient, m'apprirent que deux Anglais, quelques saisons auparavant, avaient gagné, par le défilé de Byans, le lac Munsarâwar, sur lequel ils avaient navigué dans un bateau en cuir (probablement en caoutchouc) qu'ils avaient apporté avec eux. Les Hunnias, bouche béante et immobiles de surprise, ne trouvaient pas un mot en face d'une telle impudence. Le garkoon considéra évidemment que la dignité du lac avait été outragée; il condamna le zumpun de Daba à une amende de 200 roupies, et l'envoya ensuite à Gartok pour répondre à l'accusation d'avoir permis qu'un délit aussi flagrant fût commis dans son canton. Le zumpun ne revint pas; je présume qu'il fut destitué.

Le zumpun est le chef du district ou le sous-préfet de la vallée de la Sutledge. Le titulaire actuel est, à ce qu'il paraît, plus intelligent que la généralité de ses prédécesseurs, et il restera probablement en fonctions au delà du terme ordinaire de trois années. Il semble exercer une autorité absolue sur le peuple de son district. Il vient d'une partie éloignée de l'empire, de la province de Bood, et n'a pas de revenu fixe en dehors de ce que peuvent lui rapporter les amendes imposées au commerce. La majeure partie de ces amendes est payée par lui à l'autorité supérieure à titre de revenu. Sa maison se compose d'une douzaine d'agents de police et d'un secrétaire sans traitement qui porte le titre de vizir. Il peut toutefois convoquer un nombre quelconque d'habitants de son canton pour tout service militaire ou autre. Ses administrés ont grand'peur de lui, et il professe à son tour le plus profond respect pour le commissaire de Gartok, son supérieur immédiat. Le garkoon n'est pas installé sur un pied beaucoup plus splendide que le zumpun. Il a sous lui, pour faire exécuter ses ordres, une espèce de capitaine de police, appelé surpoon, qui commande à une centaine d'hommes, soldats de paille, armés de fusils à mèche mal faits et portant chacun deux ou trois sabres. Ce luxe d'armement formidable a pour but de les rendre de taille à lutter contre les voleurs de l'Hundès, qui parfois sont très-nombreux et qui apparaissent et disparaissent ensuite mystérieusement à la façon des cailles ou de la grippe. Quand ces voleurs ont déchargé leurs armes à feu, ils se précipitent en avant, un sabre à chaque poing et une troisième lame à la ceinture.

Le fonctionnaire supérieur au garkoon est une espèce de sous-gouverneur portant le titre de *schibchid*, qui réside à un mois de marche environ de Gartok, dans la province de Bood. Telle est la série de tous les fonctionnaires du district, qui tous appartiennent à cette province.

Mes hommes me racontèrent que le zumpun lui-même, en voyage, avait été volé par les Dacoïts de l'Hundès, et que pendant l'hiver, quand tous nos villages des vallées de neige sont abandonnés, ces hardis voleurs avaient osé franchir le défilé de Niti et piller les habitations désertes. Ils ont une crainte presque superstitieuse des armes à feu anglaises, auxquelles ils attribuent une puissance illimitée. Une fois, mon guide, Dhun Sing, voyageait avec un certain nombre de marchands jowarree, quand ils furent attaqués juste au commencement des défilés du côté du Thibet, par une bande de Dacoïts. Les voleurs ne les tuèrent point pour ne pas avoir une peine inutile, puisqu'ils ne songeaient même pas à résister, et se contentèrent de s'emparer des chèvres chargées de marchandises qu'ils réunirent en un seul troupeau. Les marchands passèrent la nuit à se lamenter de ce qu'ils étaient obligés de revenir chez eux le lendemain matin, dépouillés de leur propriété ; mais par bonheur, au point du jour, un jeune Anglais avec deux guides, en partie de chasse, survint au même endroit, et les Dacoïts eurent si peur de son fusil, qu'ils se cachèrent aussitôt en abandonnant leur butin. Le plus difficile pour les marchands fut de séparer leurs troupeaux respectifs. Ils eurent grand soin, ajoutait Dhun Sing, de quitter la place avec le gentleman, et de se rendre avec lui à Millum où il revenait.

Le borax coûte, au marché de Gyanee, de deux à trois roupies le *maund* (80 livres). Il vient du lac Chaba, qui est situé au delà de la chaîne des montagnes Kailas, à environ trois semaines de marche pour un troupeau de chèvres venant de Gyanee. Au lac Chaba, il suffit de payer un impôt d'une roupie pour avoir le droit de charger son troupeau d'autant de borax qu'il en peut emporter.

Le prix de la laine de mouton, à Daba et à Gyanee, est d'une *culdar* ou roupie de la Compagnie, pour quatre ou cinq toisons, suivant leur grandeur, ce qui revient en moyenne à un auna et demi ou deux aunas (30 centimes) par livre. Le prix du *pushum* varie considérablement ; on l'achète en général dans la toison de la chèvre mêlé aux poils.

Les Hunnias dépendent presque entièrement du territoire britannique pour leurs farines ; la seule espèce de grain qu'ils cultivent sur les plateaux près des rives de la Sutledge est l'owa, une sorte d'orge, mais en petites pièces seulement. Ils comprennent si bien leur position précaire à cet égard, qu'ils conservent en magasin, dans tout le Thibet, des provisions de grains pour trois ans, afin de parer à tout accident qui pourrait interrompre leur commerce avec nos montagnes. Comme ils sont complétement barbares, et comme les Chinois qui les gouvernent redoutent extrêmement les visites et les enquêtes des voyageurs anglais qui pénètrent sur leur territoire, on pourrait peut-être, en les prenant par la faim, les amener à diminuer la rigueur de leurs règlements à notre égard. Il suffirait de fermer les défilés de notre côté et d'exempter de tout impôt, pendant cette clôture, les habitants de nos vallées de neige. Ce serait sans doute causer un grave préjudice à nos sujets aussi bien qu'aux Hunnias, mais les résultats vaudraient la peine de subir cet inconvénient temporaire. Il existe dans l'Hundês une masse énorme de matières premières de divers genres disponibles pour le commerce, et tous les traités que nous pourrons conclure à Pékin ne seront pas exécutés pendant des années, si même ils le sont jamais dans le Thibet.

Le système d'impôts que nous avons établi dans le Kumaon et le Gurhwal est très-doux, et le produit est inférieur au revenu dépensé dans cette province par le gouvernement pour ses établissements, ses troupes, ses plantations de thé, etc. ; les marchands des vallées de neige, qui payaient des sommes considérables aux Ghoorkas à titre d'impôts, n'ayant que très-peu de terres cultivées, ne nous payent presque rien. Les commissaires de ces districts, qui sont en dehors du règlement (c'est-à-dire affanchis des misères que le dédale de nos cours civiles inflige aux habitants des plaines), ont été toujours très-indulgents dans l'exercice de leurs fonctions; c'est pourquoi les montagnards se montrent aussi loyaux qu'il est possible aux Hindous de l'être vis-à-vis de tout gouvernement. Ils n'ont pas encore oublié la tyrannie des Ghoorkas chassés par le général Ochterlony, et ils ont conservé vivant dans leur mémoire le souvenir des nobles efforts du major

Henry Ramsay, C. B., leur commissaire actuel, pour subvenir à leurs besoins pendant les deux dernières années de famine dans les montagnes.

Aussi, appréciant la position de nos sujets par les récits que leur font nos montagnards dans leurs voyages de commerce, les Hunnias ont coutume de dire que, si quelque gouvernement étranger vient s'établir dans leur pays, ils espèrent que ce ne sera point celui des Sikhs ou des Ghoorkas, mais bien le gouvernement anglais qui régit nos hommes des montagnes.

Pendant que j'étais à Kyungrung, les Hunnias se trouvaient vivement excités par la crainte d'une invasion des Sikhs de Cachemire qui menaçaient du côté de Ladakh. Ils avaient été, deux ans auparavant, attaqués par les Ghoorkas, à la suite d'une contestation sur le droit des uns ou des autres à certains villages des frontières, et du temps de Runjeet Sing, une grande armée de Sikhs commandée par un vizir Jwalla avait envahi leur territoire. Les Hunnias n'ont pas de troupes régulières, et comme il faut beaucoup de temps pour que celles envoyées de Chine viennent à leur secours, ils ne peuvent aucunement se défendre pendant l'été. Mais c'est un peuple nomade, et quand ils ont emmené leurs bestiaux et leurs familles dans les montagnes, ils ne laissent littéralement rien que les envahisseurs puissent enlever ou détruire. Leurs villages ne sont que des camps composés de tentes mobiles ; leur principale ville, Daba , ne contient qu'un seul édifice bâti en pierres et en mortier : c'est la résidence du zumpun. Gartok en a deux pour ses fonctionnaires, et tout le reste de ces cités ne consiste qu'en un assemblage ignoble de tentes en toile ou en laine plus ou moins sales. Pendant l'hiver, toutefois, qui est si rude que peu d'envahisseurs des nations du sud peuvent résister au climat, les Hunnias prennent leur revanche et reviennent tous armés, comme ils firent lors de l'invasion du visir Jwalla. Ils harcelèrent les flancs de l'armée d'invasion, coupèrent les traînards, et quand les Sikhs commencèrent à mourir par centaines, de froid et de faim, les Hunnias les entourèrent et les massacrèrent près de Kyungrung et de Purung, au nord du Naipaul. Le visir Jwalla périt avec les autres.

Pendant mes chasses dans les vallées de la Salkh et de Kyungrung, je rencontrai plusieurs restes de digues basses en pierres qui avaient servi de positions aux Hunnias fuyant les Sikhs. Ils me dirent qu'ils avaient

surtout confié le soin de leur défense à leur lama, et
que celui-ci avait fait tomber la neige en hiver pour
tuer leurs ennemis. Je leur fis remarquer qu'il vaudrait
encore mieux, en cas d'urgence, qu'il la fît tomber en
été, et que je me chargerais au besoin moi-même de
la première cérémonie.

Dans mon voyage de Kyungrung à Surkya, à travers
les plaines et les ruisseaux qui entourent Tazang, je
parcourus un pays fourmillant de gibier. Le voyageur
placé sur une hauteur au sud de ces plaines peut voir
au nord le cours de la rivière Sutledge, qui se dirige de
l'est à l'ouest sur un plateau élevé de quatorze mille
pieds et coupé de nombreux ravins. Les Himalayas,
au sud, ne paraissent qu'une chaîne de montagnes ordinaires, à peine aussi haute que celle qui est située
au delà de la Sutledge, ét qui borne l'horizon en mon-
trant, vers l'est, les pics sublimes de Kailas. Çà et là
de petits groupes de collines s'élèvent de la plaine, et
partout on voit paître en liberté de vastes troupeaux de
chevaux sauvages. Le cheval sauvage ou *kyang* ressemble plus à un âne qu'à un cheval : il a le corps
rougeâtre, le ventre blanc ainsi que les jambes ; il est
haut de quatorze mains environ ; il porte la crinière en

brosse, une raie le long du dos et la queue d'un âne; il brait au lieu de hennir; la tête est d'une grosseur disproportionnée, et le nom de cheval sauvage est mal choisi pour désigner cet animal. On rencontre par-ci par-là quelques troupeaux de moutons sauvages (*ovis ammon*) de la grande espèce; les femelles et les petits sont toujours séparés des mâles. Les cornes des femelles diffèrent d'une façon remarquable de celles des mâles; elles sont à peine recourbées, un peu plates, et longues d'un pied environ, tandis que les mâles ont des cornes comme celles du bélier commun d'Angleterre, qui mesurent peut-être trois pieds et demi en courbure. Dans les montagnes, au bord de la plaine, on rencontre en foule des moutons des neiges *(burrul)*, et dans les broussailles et les herbes pullulent quantité de grands lièvres bleuâtres qui deviennent blancs pendant l'hiver, comme nos lièvres d'Écosse. Le jour que je me rendis à Surkya, je tuai un *kyang* (cheval sauvage), plusieurs lièvres et un faisan des neiges *(hunyal)*.

Je trouvai que le zumpun m'attendait, comme il l'avait promis, à Surkya ; il avait envoyé deux ou trois messagers pour constater mon approche avant que je fusse arrivé, car il paraissait redouter comme un dés-

honneur d'avoir à m'attendre, et dès que je fus venu,
il me fit avertir que comme il se trouvait de son côté
des défilés, je devrais lui rendre visite dans sa tente
avant qu'il se présentât à la mienne. Je me dirigeai
aussitôt vers sa demeure, et mon arrivée causa un
remue-ménage extraordinaire parmi les meubles; on
apporta deux sales petits dais, on opéra un changement complet dans l'intérieur avant que je fusse admis
en la présence auguste de ce fonctionnaire. Je trouvai
dans le zumpun un petit homme sec, d'une quarantaine
d'année, plus chinois de figure que les Hunnias qui
m'accompagnaient, et revêtu d'une robe de soie à fleurs
jaunes, avec le chapeau ordinaire des mandarins entouré d'une frange rouge et le bouton de verre uni, in-
dice de sa qualité. Il me parla de la capitale de l'empire chinois, qu'il appelait *gyanuk*, et me dit qu'il
connaissait la rivière Yang-tse-Kiang; mais il n'avait
pas, à ce qu'il prétendait, entendu parler de la guerre
avec les puissances européennes. Il se moqua beaucoup
du bruit relatif à une invasion des Sikhs, et se montra
très-désireux que je partisse aussitôt que possible. Je
lui promis que je ne resterais à Surkya que trois jours;
mais je refusai de m'en revenir par le défilé de Niti,

comme il me demandait de le faire, attendu que j'avais résolu de tuer un *bunchowr*, si c'était possible, dans les vallées de Keo ou du Leptel.

Le zumpun avait amené avec lui un lama, comme une sorte de chapelain particulier, lequel avait les cheveux ras et portait une robe d'un rouge sombre, à la façon des gens de son espèce. Je lui trouvai la mine d'un fieffé jésuite, avec la face longue, les joues creuses, le nez aquilin, au lieu du nez camard des Hunnias, la bouche sensuelle et quelque chose de sinistre dans le regard, — tout ce qu'il fallait en un mot pour en faire un père confesseur puseyite à la mode. Le zumpun ayant une suite d'une douzaine de personnes et son petit garçon avec lui, je pris mon chasseur, Kunhaya, et deux de mes hommes de Bompa pour servir d'interprètes dans cette audience. On me présenta de la soupe épaisse au thé, en usage chez les Hunnias, et j'en avalai deux bouchées sans être malade, mais je fus obligé de déclarer que, même au risque d'une guerre éternelle entre nos nations, je me refusais absolument à prendre une cuillerée de plus d'une telle médecine. J'offris de faire du thé à la mode anglaise pour le zumpun, mais il refusa en me priant de lui envoyer plutôt

du thé sec. Je présentai une douzaine de peintures stéréoscopiques au fils du zumpun. Elles furent exami-
nées sens dessus dessous, en long, en travers, et frot-
tées avec des doigts sales pour voir si elles ne pourraient pas être débrouillées ainsi, jusqu'à ce qu'enfin
elles furent déclarées n'être rien du tout. Mais dès que
la première fut placée dans le stéréoscope, ce fut un cri
de joie général, et le zumpun, qui prenait du tabac
dans un flacon d'agate verte, comme un flacon d'odeurs,
multiplia ses prises afin de maintenir son esprit à la
hauteur voulue pour examiner de telles merveilles.

Je donnai au zumpun un flacon d'essence de roses
pour remplacer son tabac, mais tous les Hunnias qui le
sentirent tour à tour déclarèrent l'odeur abominable.
Les dames anglaises peintes sur les épreuves stéréoscopiques furent estimées décidément inférieures en beauté
aux houris de l'Hundês à face d'hippopotame; mais les
photographies qui sont maintenant à Daba finiront
peut-être par améliorer le goût des habitants. Quand
je quittai le zumpun, il me dit qu'il serait obligé de
partir le lendemain, attendu que l'odeur du kyang que
j'avais tué, et qui se trouvait à deux milles de là, lui
faisait mal au cœur. Il fallait avoir une imagination

bien ingénieuse pour inventer un pareil prétexte; car tous les chevaux morts de la Chine ne pourraient en cinq heures empester l'air autant qu'un seul Hunnia vivant. Il me présenta un échantillon de lainages fabriqués à Daba, une couple de queues de yak et un chapeau de très-beau feutre, qui aurait pu s'adapter à ma tête quand j'avais six mois, mais qui pour l'instant faisait sur elle l'effet d'une tasse à thé renversée. Nous nous séparâmes naturellement les meilleurs amis du monde.

Le jour suivant, je tuai quatre *kyangs*, un *hunyal* et tant de *chasa* que tout mon camp fut pourvu de soupe au lièvre. Le lendemain, je pus m'emparer d'un beau mouton sauvage, et je tuai une cavale sauvage dont je pris le poulain. Je l'attachai à un piquet devant ma tente; mais comme il disparut pendant la nuit, quoiqu'il fût trop jeune pour s'égarer au loin ou pour aller paître de lui-même, je soupçonne fort les Hunnias de se l'être approprié. Je désirais vivement pousser jusqu'au lac Chaba, d'autant que mes hommes me disaient qu'aucun Européen ne l'avait encore visité; mais les Hunnias me déclarèrent qu'ils avaient reçu l'ordre de s'opposer par la force à ce que je pénétrasse plus avant sur leur territoire. La promesse que j'avais faite au zumpun m'empêchait de demeurer plus longtemps sans sa permission, et je craignais d'en venir aux mains avec les Hunnias; car, bien qu'ils fussent relativement peu dangereux, je me serais trouvé compromis vis-à-vis de mon gouvernement.

Je quittai les plaines de Tazang avec regret, et trois jours après, j'entrais dans les vallées du Keo.

Les Hunnias de la garde, qui me surveillaient toujours de près, me disaient que je n'avais aucune chance de trouver des *bunchowrs* cette année, attendu que les yaks sauvages ne viennent qu'une fois par hiver dans nos montagnes, et s'en retournent toujours pour visiter leurs familles sur les monts Gangri, par Gartok, au commencement de juillet. Je résolus néanmois de m'avancer avec toutes les précautions possibles vers cette dernière localité, où je pouvais espérer rencontrer le gibier que j'avais été chercher si loin. Je ne voulus pas permettre aux hommes de mon camp de remonter la nullah, et je leur fis dresser les tentes beaucoup plus bas, tout près du cours d'eau principal, dans l'endroit le plus abrité que je pus trouver.

Je parcourus un espace de terrain considérable le

premier jour de mon arrivée, et je trouvai des pistes fraîches, mais je ne vis pas de *bunchowr*. Les moutons des neiges se montraient en foule; je ne voulus pas tirer sur eux et courir le risque d'effaroucher un plus noble gibier. Le second jour, je devais terminer mes recherches; mais il restait encore assez de terrains à visiter parmi les ruisseaux du Keo pour occuper toute une journée de marche. Vainement Dhun Sing m'avait déclaré tout le long du chemin que le solitaire de la Salkh devait être allé au Keo; je partis pour gravir les hauteurs qui dominaient le cours le plus éloigné du ruisseau avec de mauvais pressentiments quant au résultat. Nous avions franchi huit ou dix milles sans rien apercevoir, quand l'œil perçant de Buchoo, mon guide, découvrit un point noir bien loin devant nous. Je l'examinai avec soin à l'aide de ma lorgnette et je reconnus que c'était un yak. Nous avions été à l'ouest, au nord et à l'est de l'endroit où il se tenait, sans avoir été vus, et le bonheur voulait que le vent vînt du sud; aussi l'animal restait-il couché à ruminer dans une sublime indifférence à l'égard de notre voisinage. Il n'y avait toutefois aucun couvert qui nous permît de l'approcher, sauf du côté du midi; mais, comme nous n'au-

rions plus que cent cinquante mètres à franchir après
qu'il nous aurait éventés, je résolus de courir la chance,
et nous nous dirigeâmes droit vers un rocher situé à
une soixantaine de mètres de lui, sans oser regarder
jusqu'à ce que nous l'eussions atteint. Nous trouvâmes
alors que le yak nous avait éventés et s'était levé pour
prendre la fuite. Il était trop tard pour lui; le yak ne
s'éloigne jamais beaucoup lorsqu'il est blessé, comme
s'il était stupéfié de l'effet de la blessure, bien qu'il
charge furieusement le chasseur si celui-ci vient à se
montrer. Une balle de ma carabine dans l'épaule et
une autre dans la jambe qui le rendit boiteux, décidè-
rent de son sort. Il fit quelques pas seulement et nous
le suivîmes. Quand il se tourna pour nous regarder, les
deux hommes qui m'accompagnaient commencèrent à
crier, ce qui lui fit secouer ses cornes et baisser la tête
pour nous charger sur trois jambes; mais une nouvelle
balle dans l'épaule le mit dans l'impuissance de courir.
Deux autres balles tirées à bout portant achevèrent son
agonie. Les jambes sont si courtes que la hauteur de
l'animal ne paraît pas diminuée de beaucoup quand
il tombe sur le poitrail. Il avait une quantité extraordinaire de longs poils sur les flancs et sur les jambes,

quoique ceux du dos fussent unis. Il mesurait neuf pieds de circonférence au poitrail, et ses cornes avaient seize pouces à la base et onze pouces au milieu. De face, il ressemblait à un énorme bison d'Amérique et aurait, je crois, pesé beaucoup plus que cet animal, bien qu'il ne fût pas aussi haut au garrot à cause de la petitesse de ses jambes, lesquelles se perdaient presque dans les longs poils qui lui pendaient des flancs, ce qui paraissait lui faire une espèce de jupon.

Le jour touchait à sa fin, quand le yak fut tué; nous regagnâmes nos tentes au plus vite, en emportant la queue comme preuve de notre succès. Elle se trouva égaler en poids et en dimension trois des queues de yaks domestiques que j'avais achetées. Nous passâmes trois jours, moi et mes hommes, à enlever la peau et à préparer la tête pour le transport. Non-seulement les Hunnias nous aidèrent dans cette besogne, mais encore ils s'en donnèrent à cœur joie avec la chair que, pour ma part, je trouvai excellente. La plupart des hommes, étant rajpoots, ne pouvaient naturellement goûter la viande d'un animal qui ressemblait tant au bœuf sacré des brahmines; leur empressement à le chasser et à faire tout le reste, sans en excepter rien que le fait de

le porter réellement à leur bouche, prouve à quel point
les Hindous oublieraient leurs préjugés s'ils ne leur
étaient pas continuellement rappelés par les scrupules
ou l'indiscrétion des Anglais. Et de fait, on en trouve
de plus fanatiques que les Hindous eux-mêmes pour
tous les caprices religieux de l'Inde et toutes les distinctions de caste haute ou basse; aussi les Hindous affectent naturellement un « préjugé religieux » contre
tout ce qui leur déplaît ou leur répugne à faire, du
moment qu'ils trouvent qu'en agissant ainsi ils obligent
les individus isolés et le gouvernement à céder par peur
à tous leurs désirs, tandis que menés convenablement,
ils laisseraient tomber dans l'oubli leurs superstitions
les plus vieilles.

La meilleure méthode pour conserver et préparer
les peaux est celle adoptée par les Indiens de l'Amérique pour la dépouille du buffle, et qui consiste simplement à enlever avec le plus grand soin toute la chair
et toute la graisse du cuir, que l'on frotte ensuite continuellement avec un os ou un morceau de bois arrondi
jusqu'à ce qu'on ait obtenu dans la peau la souplesse et
l'amollissement désirables. Comme il faut plusieurs
jours pour une opération pareille, pendant laquelle la

peau ne doit pas cesser d'être humide un seul instant, il convient de la rouler avec soin, quand la besogne de la journée est finie, et de l'envelopper dans un drap mouillé pour la nuit. Cette manière de préparer les peaux est naturellement impossible dans les plaines, où la chaleur amène la décomposition dans les vingt-quatre heures. Je me bornais alors simplement à étendre les peaux sur le sol au moyen de petites chevilles de bois fichées sur les bords, et de les laisser sécher au soseil, ce qui prenait trois ou quatre heures, ou encore de répandre à l'intérieur des cendres de bois ou un peu d'eau de chaux. Ce dernier procédé n'est pas du goût des apprêteurs qui ont à préparer la peau ensuite, parce qu'il la brûle, et rend parfois impossible de lui donner de la souplesse.

Quatre jours après, notre petite caravane arrivait à Rimkim pour repasser le Chor-Hoti. Nous partîmes au jour, et trouvâmes la neige et le temps si favorables, qu'à midi nous étions rendus à Kalajubbur. Mes hommes se trouvaient dans les meilleures dispositions, et me proposèrent de pousser tout de suite jusqu'à Bompa, en réunissant trois marches en une seule, ce qu'ils effectuèrent aisément dès que je leur eus promis de leur compter le salaire de trois jours pour cette besogne.

Bien que nous fussions habitués à plus d'une scène étrange par nos chasses au milieu des neiges, l'aspect le plus ordinaire d'un canton habité, même après une si courte absence, avait pour nous toute la fraîcheur de la nouveauté, et, comme nous approchions de nos villages, un des jeunes. coolies provoqua des éclats de rire en nous indiquant, avec la même excitation que s'il se fût agi d'un yak sauvage, un point noir près du village de Niti, en annonçant gravement : « *Vuh to zenani hai !* » (C'est une femme !)

Notre arrivée et l'étalage bizarre des peaux, des cornes et des queues produisirent une sensation profonde parmi les habitants de Bompa, où mes hommes passèrent deux jours en fêtes, pendant que je préparais mes bagages pour Mussouree. Je n'avais rien de plus à gagner sur les terrains de chasse autour de Bompa, et, sans vouloir attendre le beau temps, je résolus de faire tête à l'orage et d'affronter quinze jours de marche à travers la pluie.

La conséquence de mes peines et fatigues dans les montagnes de l'Hundês fut une découverte souvent faite par les chasseurs et qui rappelle beaucoup l'enfantement de la montagne en travail, à savoir que si j'avais pu partir avec toute l'expérience que je rapportais au retour, mon butin eût été bien plus considérable.

Pour conclure, je demanderai à mes confrères la permission de leur donner un dernier conseil sur un sujet beaucoup plus important que la vénerie. J'ai vu, je le dis à regret, un grand nombre d'Anglais, une fois éloignés des scènes et des relations de leur patrie, au milieu d'un peuple de païens, ne plus juger obligatoire la due observance du culte chrétien, et s'imaginant faussement que leurs compagnons mahométans ou idolâtres attribueront à une certaine largeur de vues l'oubli ou l'indifférence quant aux manifestations de leur foi, chasser et tuer indistinctement tous les jours de la semaine. Je crois qu'une telle conduite, non-seulement n'augmente point l'attachement, mais encore diminue sensiblement le respect de leurs serviteurs indigènes.

Je sais qu'il est des hommes qui, d'après les principes les plus élevés, conserveront, avec un soin jaloux, cet attachement et ce respect pour notre culte chrétien, dont ils ont été pénétrés dès leur enfance en Angleterre, en même temps que des premiers sentiments nobles qui font un Anglais digne de ce nom; mais quand même il n'existerait pas de meilleur motif, je tiens pour assuré qu'à tous les points de vue, même de l'utilité et de la bonne politique, il est convenable de consacrer un jour au moins au repos et à la réflexion. Et le chasseur anglais, dans les gorges les plus reculées de l'Himalaya ou dans les plaines les plus sauvages du Thibet, où peut-être il sera le seul représentant de sa nation, pourra, pendant un moment, oublier les influences étrangères, — les formes sombres des pics énormes et couverts de neige dont il est entouré, — pour voir passer devant ses yeux quelques tableaux d'une contrée plus chère à son cœur, et, bien loin du son des cloches, il pourra s'imaginer par la pensée,

« Combien de groupes joyeux, ce jour-là, suivent, dans les sentiers fleuris des prairies de l'Angleterre, le chemin qui mène au clocher et à la tour, et montent à l'ombre des ormes pendant que de joyeux carillons proclament le saint jour; et des manoirs vieillis des âges héroïques descendent de beaux enfants, et des humbles hameaux, où le vent se joue parmi les arbres en fleurs du verger, sortent les habitants en une longue foule heureuse. »

CHAPITRE XII

FUSILS ET CARABINES

Canons lisses. — Système à culasse. — Mesures à prendre pour la monture. — Opinions de Baker et de Galton sur le calibre et le tir. — Une coupe en prix pour un tir à Dehra. — La meilleure sorte de canons pour les carabines. — Perfectionnements de Whitworth. — Détails à indiquer pour commander une carabine ou un fusil.

J'ai fait des expériences avec presque toutes les espèces de carabines et de fusils, et je pense que le procédé le plus simple pour faire part au lecteur des connaissances que j'ai acquises sur ce sujet sera de décrire simplement les armes que je crois les meilleures à tous égards, et les principales raisons qui me font conclure ainsi, sans essayer de détailler les caractères particuliers d'armes que je ne pourrais pas recommander.

Pour ce qui regarde les canons lisses, on ne saurait

douter, à mon avis, que d'ici à peu le système de char-
gement par la culasse l'emportera sur tous les autres.
Ses avantages sont manifestes et nombreux, tandis que
ses désavantages actuels proviennent d'imperfections
dans le mécanisme qui disparaîtront sans doute avec le
temps. Je crois que le meilleur fusil se chargeant par
la culasse connu jusquà présent est celui de MM. Callisher et Terry, non-seulement à cause de sa résistance
et de sa simplicité, mais encore parce qu'il permet
d'employer des munitions ordinaires comme les armes
qui se chargent par le bout à la baguette. C'est naturellement un grand avantage pour son emploi dans les
Indes, parce que, tant que les fusils à système n'y
seront pas beaucoup plus communs qu'à présent, il
pourra être impossible parfois de s'y procurer des cartouches; ajoutons encore que lorsque l'on chasse la
grosse bête, on peut désirer souvent d'ajouter deux ou
trois drachmes de poudre de plus que dans la charge
ordinaire. Toutefois la cartouche convenable pour le
fusil breveté de Terry peut être faite par le chasseur
lui-même, et enveloppée seulement d'un papier mince
au lieu de la capsule ordinaire en cuivre. Le meilleur
calibre pour la chasse, et spécialement pour la chasse

dans l'Himalaya, est le calibre quatorze, qui est assez fort pour tout animal.

Il est absolument nécessaire pour tirer le faisan dans les montagnes de posséder un fusil qui tue à des distances d'une longueur inusitée. Il vaut mieux toujours avoir trop que trop peu de puissance dans son fusil, et même on ne saurait en avoir un trop puissant, puisque le poids est sans conséquence dans une arme qu'un domestique porte la plupart du temps. Je sais par expérience que l'on vise beaucoup plus sûrement avec un fusil long qu'avec un fusil court. Je sais aussi que rien n'est plus commun que d'entendre de beaux parleurs inexpérimentés vanter certaine arme à canon court qu'ils possèdent, et qui porte, ou est censée porter beaucoup plus près du but que tout autre arme à canon long, ce qui les entraîne à généraliser à tout propos le fait supposé; — mais il n'est pas moins vrai qu'aucun fusil court ne peut soutenir la comparaison avec un fusil plus long, d'un travail également soigné et d'une puissance égale.

Je recommande donc à tout sportsman, d'une taille et d'une force moyennes, d'avoir un fusil dont le canon n'ait pas moins de trente-quatre pouces en longueur,

et de trente-six pouces s'il est d'une stature et d'une
force au-dessus de la moyenne. La forme et la longueur
de la monture doivent naturellement dépendre de la
forme et façon des bras, des épaules et du cou du propriétaire. Il conviendrait que cette monture fût faite
sur mesure, pour que le chasseur n'eût pas à essayer
d'accommoder sa propre conformation et sa manière de
tirer à une forme qu'il aurait achetée sans tenir compte
des proportions de sa personne.

Une monture un peu droite présente de nombreux
avantages en ce qu'elle amoindrit les effets du déplacement causé par le recul; une monture très-recourbée,
pour peu que le fusil repousse, doit relever les canons
et nécessairement heurter la joue, attendu que l'épaule
est en dehors de la ligne du recul. Pour moi je préfère
ce qu'on appelle une longue monture un peu droite,
avec une poignée en crosse de pistolet.

On trouve d'excellentes idées dans les opinions que
MM. Baker et Galton ont consignées dans leurs ouvra-
ges sur le calibre et le tir des armes à feu. J'ai éprouvé
par la pratique la vérité des principes généraux qu'ils
énoncent, et je vais donner leurs avis en reproduisant
textuellement leurs conclusions. Baker s'exprime ainsi,

page 135, dans son traité sur la chasse à Ceylan (*The Rifle and the Houn in Ceylan*) :

« Pour ces éléphants, la carabine à balles de quatre onces (calibre 4) est une arme inestimable; lors même que l'animal n'est point frappé mortellement, la force du coup sur sa tête est telle qu'elle le fait généralement tomber sur les genoux, ou qu'elle suffit au moins à l'arrêter court. Une ou deux·fois il n'en a pas été ainsi, mais c'est chose rare; et j'avais, dans ces occasions, chargé avec des balles coniques. Bien que ces balles pénètrent dans une substance épaisse plus avant que les balles rondes, elles n'ont point, dans les chasses à l'éléphant, un effet aussi puissant que celles-ci. La raison en est assez évidente. Un coup à la tête ne tue roide un éléphant qu'autant qu'il atteint la cervelle; une balle d'une once en pareil cas obtiendra le même résultat qu'une balle de six onces. Mais il se présente une foule de circonstances où la cervelle ne peut être atteinte, quand l'éléphant présente d'une certaine manière sa tête et sa trompe en chargeant, etc.; il faut alors une force qui le renverse par le choc.

« La balle conique de quatre onces serait excellente pour la chasse en Afrique, où l'on vise habituellement l'éléphant à l'épaule. Mais ce coup ne vaudrait rien à Ceylan. Le pays n'est pas assez découvert pour qu'on puisse étudier les effets produits sur les animaux, et bien qu'un éléphant se trouve parfois frappé à mort, il emporte avec lui la balle dans la blessure et on ne le retrouve plus. J'ai souvent essayé ce coup, et quoique j'aie vu bien des éléphants partir la trompe et les oreille basses, je n'en ai jamais conservé qu'un seul frappé ailleurs qu'à la tête. »

Il faut se rappeler que cette carabine, portant des balles de quatre onces, n'avait qu'un seul canon, pesait vingt et une livres et, même avec un poids pareil, repoussait de la façon la plus fâcheuse du monde. Je recommande aux chasseurs les balles explosibles qui ont été perfectionnées depuis, attendu qu'elles produisent dans tout le système un tel ébranlement qu'une seule suffit pour amener la paralysie ou la mort, lors même qu'elle n'atteint ni la cervelle, ni le cœur, ni l'épine dorsale. Elles peuvent être tirées avec une carabine à deux coups de douze à quinze livres, du calibre réglementaire de vingt-quatre, et la charge de poudre proportionnellement forte ne produit aucun recul sensible ni aucune secousse dans le canon.

Si l'on n'a pas l'intention d'employer des balles explosibles, soit à cause de la dépense, soit pour tout autre
motif, il ne faudra point perdre de vue le principe
énoncé dans la citation ci-dessus. Nous avons vu souvent, dans la révolte des Indes, que le revolver de
Colt (modèle de la marine), le meilleur à tous les autres
égards, employait une balle si petite et si pointue qu'elle
ne produisait immédiatement dans le corps d'un homme
qu'une paralysie très-faible, si bien que, même frappé
à mort, votre adversaire avait le temps de vous percer
de son sabre ou de vous passer à la baïonnette avant
d'expirer à son tour. Le calibre de nos fusils et carabines dans l'armée se trouve actuellement réduit à
vingt-quatre, et l'on pense à le diminuer encore beaucoup plus; c'est, à mon avis, pousser les choses à l'extrême. Les tirailleurs pourront être plus utiles et arriver
à une plus grande justesse de tir si l'on conserve à la
carabine son poids ordinaire, en diminuant seulement
son calibre dans une certaine mesure; mais le feu de la
ligne à bout portant se trouvera moins redoutable, et
les blessures faites dans la chair par de petites balles
pointues sont presque toujours très-légères.

Francis Galton, dans son *Art de voyager*, page 137,

dit avec une grande vérité : « Les coureurs des bois en Amérique n'admettent que la longue et lourde carabine de tir, sous prétexte que son tir est plus juste et que l'on s'évite le transport d'un poids considérable, quand on emploie des balles d'un petit calibre. Les seules objections à faire contre les armes d'un petit calibre, c'est qu'elles ne suffisent pas quand il s'agit d'un très-gros gibier, lors même que l'on se sert de balles coniques, et qu'elles ont une tendance à s'encrasser après un petit nombre de coups. Une carabine courte et légère, quel que soit son calibre, ne vaut, selon moi, absolument rien.

« Dans les mains d'un homme qui tremble pour avoir couru ou qui se sent épuisé, elle remue comme une baguette, et plus la carabine est courte, plus elle oscille vivement, et plus il devient difficile, par suite, de saisir le moment précis où les mires couvrent l'objet.

« Dans tous les cas, la mire postérieure devrait être éloignée de l'œil même jusqu'à la moitié du canon, autrement elle se trouve hors du foyer et indistincte quand l'œil regarde fixement l'objet qu'il vise, et cet inconvénient réduit à néant tout l'avantage que présente l'écartement des mires antérieure et postérieure. »

Je pense que ce principe des longs canons admet quelque modification; — ainsi, par exemple, une carabine de quinze livres qui aurait une longueur considérable, semblerait par cela même beaucoup plus lourde ; elle pèserait en fait beaucoup plus lourdement sur le bras qu'une carabine également de quinze livres qui n'aurait que vingt-quatre pouces de canon ; cette dernière pourrait être employée facilement par une foule de personnes auxquelles il serait impossible de supporter constamment l'autre.

J'ai indiqué deux cents tubes de cuivre pour les balles explosibles de Jacob dans ma liste des articles que devra emporter d'Angleterre tout chasseur désireux de se signaler par ses exploits sur le gibier de l'Himalaya ou d'ailleurs. Ces tubes ne se trouvent pas et ne sauraient être imités convenablement dans les Indes ; en Angleterre même ils coûtent fort cher. Il est utile, dans tous les cas, d'en avoir sous la main une petite provision.

Le tir à la carabine est un amusement très-répandu dans toutes nos stations des montagnes ; les gentlemen qui s'y trouvent, étant presque tous en congé, ont tout le temps nécessaire pour pratiquer cet exercice, et les

carabines abondent naturellement dans les cantons gi-
boyeux. Le major Skinner, un fils du fameux colonel
Skinner de la cavalerie irrégulière de l'Hurrianah, qui
a conquis sa renommée à l'époque chevaleresque de
notre histoire anglo-indienne, avait coutume d'encourager la pratique de la carabine et la rivalité des tireurs
par l'hospitalité publique et cordiale qu'il offrait à tous
les amateurs de l'art du tir. De fréquentes réunions, où
l'on disputa plusieurs prix avec des résultats divers, à sa
résidence, amenèrent à Dehra des concours généraux,
et enfin, en 1855, un concours dont le prix était une
pièce d'argenterie d'une valeur de cent livres sterling,
faite par Hunt et Roskell. Trente concurrents se présentèrent pour cette joute, e les résultats du tir con-
vaincront probablement la plupart des tireurs à la carabine de l'Angleterre qu'ils se trouveraient à présent
plus que de force à lutter contre la majeure partie des
sportsmen de l'Inde.

Les distances auxquelles eut lieu le concours étaient
celles les plus utiles pour les besoins de la chasse, à
savoir : cent, cent cinquante, deux cents et deux cent
cinquante mètres (*yards*). Chaque concurrent devait
tirer trois coups à chacune de ces distances, et la somme

des distances de tous les coups, à partir du milieu du point central, établissait la position de chaque tireur sur la liste définitive; le chiffre le moins élevé devait gagner naturellement le prix. La cible était un cercle de fer ayant six pieds de diamètre, couvert de toile et de papier blanc, et portant pour but seulement un point noir de six pouces en diamètre. Tous les anneaux noirs concentriques ont pour inconvénient de retirer au but sa netteté d'aspect.

Les concurrents, pour la plupart, ayant une confiance aveugle dans l'expérience des armuriers anglais, persistèrent à employer pour le tir les vieilles carabines de chasse aux nombreuses rainures, armes de fort calibre et d'un poids relativement léger. Il y eut même trois carabines de ce modèle qui furent commandées expressément pour ce tir à MM. Smith, Prince's street, Leicester square, le prix d'un seul canon étant de quatre cents roupies ou quarante livres sterling (1,000 fr.). Pour moi je savais parfaitement bien, dès cette époque, qu'une invincible opposition à toute espèce de perfectionnement avait rejeté nos fabricants bien loin en arrière des Américains et des Suisses. J'achetai pour soixante dollars une carabine faite par Edwine Wesson du Massachusetts, à long canon lourd, à torsion croissante, à balles coniques, à quatre rainures et à mires parfaitement ajustées. Les résultats donnés par cette arme dépassaient tellement ceux des armes anglaises fondées sur le système Minié, ou ceux des vieilles carabines d'Angleterre, ou encore ceux des antiques arquebuses moyen âge à canons rayés et à balles rondes, que mes concurrents, après avoir tourné en ridicule mon mauvais goût et mon manque de jugement dans le choix d'une arme, trouvèrent bientôt qu'ils n'avaient plus aucune chance de gagner le prix. Mon premier coup, à deux cent cinquante mètres, porta à dix-huit pouces du centre; mais tous les autres, au nombre de onze, ne dépassèrent point un rayon de douze pouces. Ce tir, bien que constant, n'était certainement pas bon, et cependant il gagna la coupe sans peine; les balles rondes des carabines de chasse plongeaient et ne se voyaient nulle part dans la cible. Notre pays doit beaucoup au général John Jacob et à M. Whitworth, qui ont le plus amélioré la carabine anglaise.

De très-grands perfectionnements ont été, comme chacun sait, introduits dans les carabines anglaises depuis une période antérieure de très-peu à la guerre de

Crimée, et une révolution complète s'est opérée dans l'esprit d'entreprise et les capacités de nos fabricants de carabines. Ils étaient restés généralement, jusqu'à cette époque, si attachés à leur système routinier de fabrication, si suffisants à décider ce qu'il fallait aux acheteurs, et si indifférents aux besoins réels de ceux qui voulaient perfectionner les armes, que leurs produits étaient devenus des objets de risée et de mépris dans tous les grands tirs de l'Amérique et de la Suisse. Bien qu'à présent de grandes améliorations aient eu lieu dans les carabines de l'armée, nous sommes encore bien loin de la perfection pour ce qui regarde les armes de chasse.

Le meilleur système de canon, le seul, à mon avis, qui, au point de vue de la justesse parfaite, convienne à l'arme d'un chasseur, est celui fondé sur le principe de l'adaption mécanique, dans lequel la balle est exactement ou mécaniquement conformée de façon à remplir l'intérieur, ou, en termes techniques, les creux et les reliefs du canon.

Les carabines du général Jacob et celles de M. Whitworth sont des échantillons différents de ce principe; mais ni M. Whitworth, ni MM. Witton et Daw, qui fa-

briquent principalement la carabine Jacob, n'ont jusqu'ici perfectionné pour eux aucune arme se chargeant
par la culasse. MM. Callisher et Terry n'ont appliqué
jusqu'ici leur brevet qu'à des canons établis d'après
le système Minié, et dans lesquels la balle façonnée
en cône uni pénètre dans les rainures, ou se dilate de
façon à prendre la forme du calibre, par la force de la
poudre au moment où elle s'enflamme ou par l'effet
d'une petite cheville en buis chassée par l'explosion
dans l'intérieur du projectile.

Le système Minié a rendu naturellement de très-
grands services pour l'armée, quand on ne connnais-
sait que des armes se chargeant à la baguette, attendu qu'il offrait à la fois de très-grandes facilités
pour la charge et une grande force de propulsion ; mais
pour la justesse du tir, c'est une pauvre invention. On
réunirait la justesse, la force et la facilité de la charge,
si l'on réalisait une combinaison entre le système des
armes se chargeant par la culasse et le système des
balles coniques s'adaptant mécaniquement à l'intérieur
du fusil.

L'avantage d'employer les munitions de l'Enfield réglementaire avec le nouveau système à culasse perpé-

tuera sans doute, pendant quelque temps, le principe Minié ; mais il prendra bien vite du terrain si M. Whitworth peut perfectionner son arme en lui appliquant utilement le système à culasse mobile.

La carabine de Lancastre est l'arme la plus juste qu'emploie à présent le gouvernement. Elle a, dans tous les cas, battu bien souvent l'Enfield. La carabine Jacob est de beaucoup supérieure à l'une et à l'autre ; mais celle de Whitworth est la meilleure de toutes, bien que sa supériorité sur la carabine Jacob tienne surtout, je le crois, au soin extrême qui préside à la fabrication.

Les balles explosibles de Jacob peuvent être employées avec la carabine Whitworth comme avec la carabine Jacob, et dans un fusil à système convenable leur emploi ne présenterait aucun danger.

Les deux faits les plus nouveaux énoncés par M. Whitworth, pendant les dernières expériences qu'il a faites avec le canon rayé à Southport, sont, à mon avis :

1° Que la réduction du diamètre de la base de son projectile augmentait sa portée de cinq cents mètres à de longues distances. Chacun supposerait naturellement que la base d'un projectile conique devrait remplir exactement le calibre de l'arme, et que la surface sur laquelle agit la force d'impulsion se trouverait ainsi préparée le mieux à l'effet de cette action. Mais M. Whitworth a trouvé qu'une forme rappelant celle d'un navire qui fend les eaux, c'est-à-dire consistant en un renflement ou plus grand diamètre ajusté mécaniquement au calibre hexagone et terminé par un cône en avant et en arrière, améliore beaucoup la portée du projectile. La cause n'en a pas été clairement établie; mais il paraît qu'il faut l'attribuer principalement à la réduction de la surface du vide que la course rapide du projectile produit par derrière, et qui est égale à quinze livres sur deux pouces carrés.

2° L'effet produit dans la pénétration des plaques ou dans le passage à travers l'eau quand la pointe du projectile est coupée carrément. Les projectiles pointus ou arrondis ont une tendance à fendre et à déchirer les plaques de fer, tandis que le boulet de fer de Whitworth coupé carrément fait sauter le morceau et laisse un trou percé comme à l'emporte-pièce. On sait qu'une balle ronde ou conique tend toujours à ricocher sur la surface de l'eau, et c'est là précisément ce qui rend plus difficile de tuer le poisson, à moins qu'il ne vienne à la surface; or un des projectiles Whitworth à tête carrée a traversé vingt-sept pieds d'eau et pénétré dans une cible de bois épais.

Je joins une note des détails à indiquer quand on commande un fusil ou une carabine; les mesures sont celles que j'ai adoptées, mais elles peuvent être modifiées pour convenir à la personne qui fait la commande :

1° Fusil à deux coups, se chargeant par la culasse (fabricant?) : calibre, 14; canons de 36 pouces; longueur de la monture, 14 pouces 1/2; courbure à la joue, un pouce 3/8; à la crosse, un pouce 3/4; poignée de pistolet; poids total, 9 livres.

Boîte et accessoires complets.

Une arme aussi parfaite dans tous ses détails essentiels qu'on peut la faire en Angleterre, vaut vingt-cinq livres sterling (625 fr.).

2° Carabine à deux coups, système Jacob, pour les rainures et la torsion, calibre réglementaire, longueur des canons, 24 pouces, mire antérieure arrondie, mire postérieure fixe et parallèle ainsi que la première au calibre, mires mobiles pour cent et deux cents mètres, mires à ressort pour les distances plus éloignées, les

mires devant être placées à la moitié du canon, c'est-à-
dire à 12 pouces du bout, et graduées pour la position, détentes, etc.; boîte et accessoires complets.

Une pareille arme, aussi parfaite dans tous ses dé-
ails essentiels qu'on peut la faire en Angleterre, vaut
trente guinées (750 fr.).

FIN.

TABLE DES MATIÈRES

CHAPITRE PREMIER.

INTRODUCTION.

CHAPITRE II.

LA CHASSE A L'ÉLÉPHANT.

CHAPITRE III.

LA CHASSE A L'ÉLÉPHANT.

(*Suite*)

CHAPITRE IV.

LA CHASSE AU TIGRE.

CHAPITRE V.

CHASSE GÉNÉRALE DU DOON.

CHAPITRE VI.

SUR LES COLLINES.

CHAPITRE VII.

LES MONTAGNES. — MOEURS ET COUTUMES.

CHAPITRE VIII.

QUELQUES EXPÉRIENCES DANS LES MONTAGNES.

CHAPITRE IX.

DANS LES NÉIGES.

Coulommiers. — Typ A. MOUSSIN et Ch. UNSINGER.

Pendant le concours qui a eu lieu à Vincennes,
l'an dernier, à l'occasion du tir nationnal, M. le capitaine Dunlop, de l'armée anglaise des Indes, voulut bien nous offrir un ouvrage écrit par lui, et intitulé *Voyages et chasses dans l'Hinalaya*. Ayant
trouvé, dans ces relations des hauts faits cynégéti-
ques du capitaine Dunlop, un grand attrait pour les
chasseurs de notre pays, nous lui avons demandé
l'autorisation d'en publier une traduction française,
ce qu'il nous a gracieusement accordé.

Nous exprimons ici notre gratitude à M. le capitaine Dunlop, et souhaitons que ses leçons profitent
au lecteur.

J. G.